Weihnachten in Berlin

Rosemarie Köhler

Weihnachten in Berlin
1945–1989

Ein Erinnerungsbuch mit vielen
Abbildungen und Berichten von Zeitzeugen

EICHBORN▸BERLIN

1 2 3 4   08 07 06

© Eichborn AG, Frankfurt am Main 2003
Umschlaggestaltung: Christiane Hahn
unter Verwendung eines Fotos von Klaus Lehnartz,
Brandenburger Tor, Dezember 1961
Lektorat: Thomas Hack
Layout: Cosima Schneider
Satz: Amann Fotosatz, Aichstetten
Druck und Bindung: Fuldaer Verlagsanstalt, Fulda
(Eichborn Berlin)

ISBN 978-3-8218-5801-2

Verlagsverzeichnis schickt gern:
Eichborn Verlag, Kaiserstr. 66, D-60329 Frankfurt am Main
www.eichborn.de

Inhaltsverzeichnis

Vorwort

Das Jahr **1945** in Ost und West	12/13
Das Jahr **1946** in Ost und West	14/15
Das Jahr **1947** in Ost und West	16/17
Ein ganz bescheidener Wunschzettel	18
Weihnachtsfest in der Berliner Nachkriegszeit	19
Das Jahr **1948** in Ost und West	20/21
Das Jahr **1949** in Ost und West	24/25
Das Jahr **1950** in Ost und West	26/27
Das Jahr **1951** in Ost und West	28/29
»Wo uns der Schuh drückt« – Ansprache Ernst Reuters vom 5.1.1952	30
Das Jahr **1952** in Ost und West	32/33
Das Jahr **1953** in Ost und West	34/35
Weihnachten 1953 – Eine Rede Friedrich Eberts	36
Das Jahr **1954** in Ost und West	40/41
Das Jahr **1955** in Ost und West	42/43
Weihnachtsmarkt in Ostberlin	46
Das Jahr **1956** in Ost und West	50/51
Das Jahr **1957** in Ost und West	54/55
Das Jahr **1958** in Ost und West	58/59
Das Jahr **1959** in Ost und West	64/65
Das Jahr **1960** in Ost und West	66/67
Die Mauer und das Weihnachtsfest	68
Das Jahr **1961** in Ost und West	72/73
Das Jahr **1962** in Ost und West	76/77
Licht an der Mauer	78
Weihnachtsmarkt West	79
Das Jahr **1963** in Ost und West	84/85
Das Jahr **1964** in Ost und West	86/87
Das Jahr **1965** in Ost und West	90/91
Geschenke und Pakete von West nach Ost und Ost nach West	92
Das Jahr **1966** in Ost und West	96/97
Das Jahr **1967** in Ost und West	98/99
Das Jahr **1968** in Ost und West	102/103
Weihnachten West – Konsum und Anti-Weihnachten	108
Das Jahr **1969** in Ost und West	110/111
Das Jahr **1970** in Ost und West	114/115
Die »Jahresendflügelpuppe« und Versuche, das Fest zu politisieren	118
Das Jahr **1971** in Ost und West	120/121
Das Jahr **1972** in Ost und West	122/123
Das Jahr **1973** in Ost und West	126/127
Das Jahr **1974** in Ost und West	128/129
Das Jahr **1975** in Ost und West	130/131
Das Jahr **1976** in Ost und West	132/133

Das Jahr **1977** in Ost und West	134/135
Das Jahr **1978** in Ost und West	138/139
Das Jahr **1979** in Ost und West	140/141
Das Jahr **1980** in Ost und West	144/145
Das Jahr **1981** in Ost und West	148/149
Das Jahr **1982** in Ost und West	150/151
Das Jahr **1983** in Ost und West	154/155
Das Jahr **1984** in Ost und West	156/157
Das Jahr **1985** in Ost und West	160/161
Das Jahr **1986** in Ost und West	162/163
Das Jahr **1987** in Ost und West	164/165
Weihnachtsbaum in der Galerie Nierendorf	166
Das Jahr **1988** in Ost und West	168/169
Erfahrungen an der Grenze	170
Das Jahr **1989** in Ost und West	172/173
Weihnachten **1989**	171
Literatur, Zeitungen, Zeitschriften, Dokumente, Erinnerungen	177
Fotonachweis	179

Ich finde Weihnachtsbaumständer einfach kitschig!

HUMOR MOSAIK

Zu diesem Buch

Die Idee entstand bei einer Nach-Wende-Weihnachtsfeier, bei der Verwandte und Freunde aus Ost und West fröhlich beisammensaßen. Es kamen Erinnerungen an frühere Weihnachtstage auf, aber gleich gab es auch Gedächtnislücken. Wann gab es die ersten Passierscheine nach dem Mauerbau? 1962 oder 1963? In welchem Jahr konnte die »Rentner-Oma« das erste Mal ihre Enkelkinder in Wannsee besuchen? Oder: Erinnert Ihr Euch noch, als die Pakete vertauscht wurden und Tante Else das Paket mit den Babysachen und die zwanzigjährige Jana die Rheuma-Unterwäsche erhielt?
Es ging lebhaft zu, und wir merkten bald, was wir schon alles vergessen hatten. Schade! Lange Zeit war man zwar durch die Grenzen getrennt, aber gedanklich freundschaftlich verbunden gewesen.
Zunächst begann ich, meine persönlichen Aufzeichnungen – kein Tagebuch, sondern eine Zettelwirtschaft – durchzusehen. Ich hatte häufig in den ruhigen Stunden nach der Hektik des Festes ein paar Ereignisse aufgeschrieben, z.B. wie das Fest abgelaufen war und ob sich die Söhne über die so heiß gewünschte Lego-Eisenbahn gefreut hatten. Dabei machte ich die erstaunliche Erfahrung, wie oft wir zu Weihnachten zu unseren Verwandten nach Friedrichsfelde oder später zu Freunden nach Potsdam gefahren sind.
Der nächste Schritt: Jeder in meinem Umfeld wurde nach persönlichen Erinnerungen gefragt. Vieles war noch präsent, manches vergessen, aber durch gezieltes Nachfragen kam manches zutage. Fragebögen und mehr als 80 Gespräche mit Berlinern aus Ost und West holten weitere Erinnerungen hervor. Jedoch gab es viele Fragen, die dann von der einschlägigen Berliner Literatur beantwortet werden konnten.
Die zweite Frage stellte sich: Was hat die Berliner in Ost und West rund um das Weihnachtsfest beschäftigt? Welche politischen Ereignisse haben das Leben beeinflußt? Welche Hoffnungen und Wünsche ließen sich erfüllen, und welche blieben unerreicht? Eine Quelle bildeten die Berliner Zeitungen in Ost und West, die ich für die Jahre 1945 bis 1989 durchgesehen habe. Die Schlagzeilen rund ums Weihnachtsfest und die Meldungen betrafen jede Familie. Ob nun die Überschrift »Planerfüllung im Wohnungsbau« die Hoffnung nährte, endlich zu einer eigenen Wohnung zu kommen, oder ob sich einsame Frauen per Anzeige einen liebenswerten Partner – möglichst mit handwerklichen Fähigkeiten – suchten.
Die Weihnachtswünsche waren in Ost und West gleich, nur die Marken waren unterschiedlich. Die Barbiepuppe hier und das Sandmännchen dort. Der VW Käfer in Steglitz und der Trabant in Hellersdorf!
Wenn Sie dieses Buch in einer freien Stunde durchblättern, werden Sie feststellen, daß vieles, was Sie vielleicht erlebt oder erfahren haben, in diesem Buch aufgeschrieben wurde. Oder Ihre Verwandten und Freunde haben Ihnen erzählt, wie es damals im geteilten Berlin zuging. Wie

privat und nach bestimmten familiären Ritualen gefeiert wurde. Und Sie werden – wir hoffen, mit vergnügter Miene – feststellen: »Alles schon mal dagewesen«. Die Hektik des Einkaufens; die Fragen: Wer besorgt den Weihnachtbaum? Reicht das Essen? Wird die Großtante mit dem kleinen Geschenk zufrieden sein? Diese Liste ließe sich unendlich fortsetzen und war in allen Familien – ob in Charlottenburg oder Friedrichshain – gleich oder ähnlich. Die Schlagzeilen von gestern können die von heute sein: »Wieder keine weiße Weihnacht« oder »Kindern mehr Liebe als Spielzeug schenken«. Man warnte vor streßbedingtem Einkaufsrausch und zog doch zu Tausenden durch die Kaufhäuser und über die Weihnachtsmärkte.

Genießen Sie die Ruhe der Festtage. Und wenn Sie bei einigen Seiten des Buches nachdenklich werden oder auch vergnügt lachen können, dann freuen sich alle, die an diesem Buch mitgearbeitet haben.

Rosemarie Köhler

Aufruf!
An die Neuköllner Bevölkerung!

Der Ausschuß für die Aktion „RETTET DIE KINDER" ruft Euch zur Mitarbeit auf. Ihr habt bei vielen Gelegenheiten Eure antifaschistische Gesinnung bewiesen; setzt sie jetzt in die Tat um!

Unsere Aufgabe ist es, die bittere Not unserer Kinder zu lindern! Rettet die Kinder vor dem körperlichen Verfall. Die Ernährungslage der gesamten Berliner Bevölkerung ist keine gute, aber für die Kinder ist sie weit schlechter. Das Kind braucht Aufbaustoffe in weit größerem Maße als der erwachsene Mensch. Wir wollen diese Aufbaustoffe ergänzen durch Schulspeisungen usw. — Alle Berliner Kinder sollen zu Weihnachten möglichst ein warmes Kleidungsstück, Schuhe und Spielzeug erhalten. — **Wir müssen die Kinder nicht nur über den Winter, sondern bis zur nächsten Ernte durchbringen.**

Allen Berliner Kindern soll geholfen werden! Darum rufen wir auf:

Helft alle mit „RETTET DIE KINDER"

Ausschuß „Opfer des Faschismus"
ERNST BREHMER   MAX GLOGER

Bezirksamt	**Sozialamt**	**Volksbildungsamt**	**Schulamt**
Pagel Dornow stellvertr. Bürgermeister	Erich Raddatz	Busse	Dr. Neumann
Jugendamt	**Jugendausschuß**	**Sportamt**	**Gewerkschaft**
W. Müller	Ziegler Zimmermann	Schneider	Karl Ebeling Fritz Köcher
Frauenausschuß	**Ev. Gemeinde**	**Kath. Gemeinde**	**Jüd. Gemeinde**
M. Wolter D. Lösche	E. Seehase	Trawnik Erzpriester	Jul. Bernstein
Kommunistische Partei	**Sozialdem. Partei**	**Lib. Dem. Partei**	**Chr. Dem. Union**
Franz Lange	Richard Günther	Wilke	Wenske

nachfolgende Seiten

Blick in die Chausseestraße im Bezirk Wedding. Zwischen den Ruinen suchen die Menschen nach Brennholz und hoffen, wenigstens Weihnachten nicht frieren zu müssen.

Politik *Ost / West*

Am 9.5. um 00.01 Uhr tritt die dt. Gesamtkapitulation in Kraft, Berlin ist eine Trümmerwüste, von 245 000 Gebäuden sind rund 48 000 zerstört, 78 000 Tote, davon 50 000 Opfer des Luftkrieges unter der Zivilbevölkerung. Im Mai 1945 leben in Berlin noch 2,8 Mill. Menschen (vor dem Krieg 4,3 Mill.), zunächst nur sowj. Besatzungsmächte, am 4. Juli kommen auch brit. und amerikan. Truppen sowie eine französ. Vorhut. Damit halten die Hauptsiegermächte Berlin besetzt. Alliierter Kontrollrat, Einteilung Deutschlands in vier Besatzungszonen und Berlins in 4 Sektoren. Wilhelm Pieck kehrt aus Moskau zurück und reorganisiert die KPD. Nov. Beginn der Prozesse gegen Kriegsverbrecher in Nürnberg.

Ost / West

Märchenstadt zwischen Ruinen

Schlagzeilen

Die Vandalen des 20. Jahrhunderts –
Der 24. Verhandlungstag in Nürnberg
Wahrer Frieden für die müde Welt –
Eisenhowers Weihnachtsbotschaft

Meldungen

Arbeitsunfähige, mittellose Pensionäre des öffentlichen Dienstes, die nicht Mitglieder der NSDAP oder ihrer Gliederungen waren, erhalten ab 1.1.1946 die gleichen Leistungen wie Versicherte der Sozialversicherung.

Mit dem Einbruch des Winters haben die Unsicherheiten in der Stadt und die Reibereien mit den Besatzungsmächten stark zugenommen. Die Kriminalität, besonders Überfälle, Holz- und Lebensmitteldiebstähle häufen sich.

Nach einer Volkszählung im Dezember 1945 kamen bei einem Frauenüberschuß von über 3 Millionen auf 100 männliche Personen 146 weibliche.

Am 11. Dezember um 13 Uhr wurde der Weihnachtsmarkt im Lustgarten eröffnet. Heiße Würstchen kann man nach Abgabe von 50 g-Fleischmarken für 35 Pfennig erwerben.

Der erste öffentliche Münzfernsprecher in einem gelb / blau gestriften Fernsprechhäuschen wurde am 12. Dezember in Schöneberg, Grunewald- / Ecke Potsdamer Str. der Öffentlichkeit übergeben.

Kino
Caesar und Cleopatra
Das Gesetz des Nordens

Theater
Staatsoper *Tiefland*
Schloßpark-Theater *Hokuspokus*

Was noch
Kabarett der Komiker
Rathaus Friedenau
Revue »Schneeflocken«

Erinnerung
Weihnachten 1945, das war Hunger, Kälte und keine Männer. Beim Gottesdienst in der Kirche sah man nur ganz alte Männer und einige jüngere Krüppel ohne Arme oder Beine. Wir jungen Frauen dachten damals: Sollen wir so leben ohne Liebe, Glück und Familie? *Rita P., Berlin*

1945

Die Fahndungsinspektion der Berliner Kripo fahndet nach Schwarzmarkt und Nachtlokalen. In einem Haus am Kurfürstendamm entdeckt man einen Klub, der nur geladene Gäste einläßt. Die Düfte verraten erstklassige Küche: Schweinebraten mit Kruste, Schinken in Burgunder, Zunge in Madeira, Eier, Kaviar. Dazu vorzüglich gepflegte Getränke: Wein, Kognak, Liköre, Edelsekt. Ein Treffpunkt für Schwarzhändler wird ausgehoben!

Kinder
Lothar Schulz, geb. 24. 3. 39, wohnhaft Dunckerstr. 68, wurde am 23. April in seinem Haus durch Splitter in der linken Wange getroffen und sollte mit einem Auto in den Bunker der Reichsbank kommen. Seitdem fehlt jede Spur von ihm. Wer hat ihn aufgenommen? Sachdienliche Hinweise an Weibliche Kriminalpolizei, Berlin C2.

Anzeigen
Damenmäntel, mit Passe, flott gearbeitet, fertigt bis Größe 44 aus nur einer Decke 140 x 180 cm bei Lieferung der Decke und Zugabe von Futter und Zutaten. Diana, Meyerbeerstr. 27–29

Tanzkapellen, Sänger, Sängerinnen, Artisten melden sich zur Vormerkung der alliierten Truppen unter L 222 bei Anz. Anm. Bln-Nikolassee

Aus 2 = 1 Wecker
Bringen Sie uns 2 defekte Wecker, daraus machen wir Ihnen einen einwandfreien
Ann-St. SO 36, Köpenicker Str. 10 a
Am Schlesischen Tor

Wetter *Ost / West*
Geschl. Bewölkung, tags 0 Grad, keine wesentl. Niederschläge.

Politik *Ost / West*
In der sowjetisch besetzten Zone Fusion der Sozialdemokratischen und Kommunistischen Partei zur Sozialistischen Einheitspartei (SED), im Westen Ablehnung der Fusion durch die SPD. SED jedoch später in Westberlin zugelassen. Erste und einzige freie Wahlen in ganz Berlin. Stadtverordnetenversammlung und Magistrat gebildet. RIAS gegründet. Das »Neue Deutschland« erscheint. Einführung von »Lichtstunden« statt Stromsperren, täglich nur 2½ Stunden Strom. Erste Interzonenbusse zwischen Berlin und Hannover.

West

Schlagzeilen
Wann gelten die Lebensmittelkarten in allen Bezirken?
Wie steht es mit der Schulspeisung?
Berlin stöhnt unter der Kältewelle

Meldungen
Im Britischen Sektor erhalten alle Einwohner ein Stück Körperseife. Im Bezirk Wedding werden 17 390 Paar Schuhe an Opfer des Faschismus, Flüchtlinge und Heimkehrer verteilt. Ausgeschlossen sind Mitglieder und Anwärter der NSDAP und deren Ehefrauen.

Anzeige
Koksgabeln, 12zinkig gesucht
Otto Haase & Co., Holz-Kohlen, Tempelhof, Güterbahnhof, Tel. 75 21 14

Kinder
Amerikanische Radiooffiziere des RIAS haben 100 Berliner Kinder zu einer Weihnachtsfeier eingeladen. Bei einem festlichen Programm erhielten die Kleinen Bonbons, Schokolade, Kekse, fünf Stück Stollen und 3 Tassen Schokolade.

Kino
Ost
Hab mich lieb (m. Maria Rökk)
Reise ins Vergessen

West
Die Frau gehört mir
Es war eine rauschende Ballnacht

Theater
Ost
Theater am Schiffbauerdamm
Bezauberndes Fräulein (mit Rudolf Platte)
Deutsches Theater *Nathan der Weise*

West
Renaissance Theater *Fräulein Julie*
Hebbel-Theater *Galgenfrist*

Was noch
1. 1.: Titania-Palast: Konzert der Berliner Philharmoniker, Dirigent Sergiu Celibidache, Werke von Nicolai, Schubert, Dvořác, Verdi

Erinnerung *West*
Die Brotkollekte
In der Jesus-Christus-Kirche in Berlin-Dahlem gab es eine neue, zeitgemäße Form der Kollekte, die Brotkollekte. Von jedem neuen Brot, das ein Mitglied der Gemeinde angeschnitten hatte, wurde eine Scheibe für die Kollekte gestiftet. Ein junges Mädchen stand sonntags am Kircheneingang und sammelte die Spenden. Das gesammelte Brot verteilte die Gemeinde an Flüchtlinge und heimkehrende Kriegsgefangene.   *Anneliese H. Berlin*

1946

Ost

Schlagzeilen
Freier Deutscher Gewerkschaftsbund gegründet
Freie Deutsche Jugend (FDJ) gegründet. Vorsitzender: Erich Honecker

Kinder
Tragischer Tod
Beim Aufsammeln von Kohlen auf der Fruchtstraße wurde der 10jährige Schüler Manfred Walter von einem Lastauto überfahren und tödlich verletzt.

Meldung
Während der extremen Kältewelle sind 134 Menschen erfroren, 500 Personen mit Erfrierungen ins Krankenhaus und 60 000 Berliner in ambulante Behandlung gekommen. Lokale Wärmehallen wurden eingerichtet. Durch die Kältewelle im Dezember mußten 1000 Betriebe geschlossen werden.

Zum Schmunzeln
»Glaubst Du noch an den Weihnachtsmann?«
»Klar, denkste, ich lasse mir wieder eine runterhauen, wie letztes Jahr!«

Wetter *Ost / West*
Kalte Polarluftmassen, feucht, Reifbildung, morgens bei −15 Grad, mittags −5 Grad.

Politik *Ost / West*
Internationale Reparationskonferenzen. Außenministerkonferenzen in London und Moskau, keine Einigung zw. UdSSR und Westmächten über das Deutschland-Problem. Heftige Kontroversen zwischen SED (Ost) und SPD, CDU (West), die zur Spaltung Berlins (Juni 1948) führen. Wegen Strommangel Schließung zahlreicher Betriebe. Anstieg der Arbeitslosigkeit. Versuch, mit CARE-Paketen die Not der Bevölkerung zu lindern. Blütezeit des Schwarzen Marktes.

West

Schlagzeilen
Letzte Chance der Konferenz – Marshall will klares Bild über Ostzone erhalten
USA: Kritik an Demontage
Truman fordert 17 Milliarden für Europa

Meldung
Zuteilungen im brit. Sektor
Gegen Abtrennung des Abschn. 22 des Haushaltsausweises 3 werden an Haushalte mit drei und vier Personen 3 Kerzen, mit 5 und mehr Personen 5 Kerzen abgegeben.

Zuteilung
Vier Rasierklingen werden ab sofort im Bezirk Schöneberg auf Abschnitt A der November-Raucherkarte ausgegeben.

Anzeige
There is a special INTER ALLIED CHRISTMAS-program 22–23 hours on christmas-eve the 24th of December 1947 at the Titania-Palast. The entire program will be Broadcast by AFN and possibly by BBC
Everybody is cordially invited to come.

Meldung
Zusätzlich erhalten die Bewohner von Nissenhütten vier Zentner Briketts.

Für die Hausfrau
Im britischen Sektor erhalten Kinder und Bezieher der Kartengruppe 1 für 200 g Fischmarken im Dezember 3 Eier.

Kino
Ost
...und über uns der Himmel (mit Hans Albers)
Die Kinder von Mara Mara

West
Die Königliche Hochzeit 1947
Sag die Wahrheit

Theater
Ost
Deutsche Staatsoper *Rigoletto*
Volksbühne *Drei Mann auf einem Pferd*

West
Theater am Kürfürstendamm *Ein Sommernachtstraum*
Tribüne *Das Lied von der Treue*

Was noch
Puppenspiel nach Dr. Faust als Weihnachtssendung vom Berliner Rundfunk, 26. 12., 19.15 Uhr

1947

Ost

Schlagzeilen
Heimkehrer aus Jugoslawien kamen mit Geschenken
Kinderjubel im Friedrichstadtpalast

Meldung
Weihnachten wieder daheim
Am 19., 21. und 22. Dezember sind 3082 ehemalige
deutsche Kriegsgefangene aus der Sowjetunion im Lager
Gronenfeld bei Frankfurt / O. eingetroffen.

Anzeige
Wer kann Auskunft geben über: Karl-Heinz Beyser, geb.
21.11.1924, Angeh. d. Aufkl. Ers. Batt. 14, Ludwigslust
i. Meckl. Letzte Nachricht Jan. 45 v. Fahnenjunkerlehrg.
Stolp i. Pomm. Nachricht erbittet H. Beyser, Schwerin,
Schliemannstr. 4.

Suche
Uniformstücke und Mützen zum Einfärben kauft Berliner
Wach- und Schließgesellschaft, Tel. 42 66 46/7

Preise
Schwarzmarktpreise in Berlin:
20 amer. Zigaretten 150 RM
1 kg Kaffee 1100 RM
1 Ei 12 RM
1 Schachtel Streichhölzer 5 RM

Weihnachtsresümee
Die üblichen Christbaumbrände blieben wegen Mangels
der Weihnachtskerzen diesmal aus.

Wetter *Ost / West*
Auffr. westl. Winde, meist bewölkt und später Niederschlag, z.T. als Schnee.
Temp. etwas über dem Gefrierpunkt.

Ganz bescheidener Wunschzettel

Ich habe meistens nasse Füße.
Das kommt – die Sohle hat ein Loch.
Wenn sich da etwas machen ließe,
Wär ich sehr dankbar und begrüße
Den Winter – wenn nicht gern – so doch.

Ich habe meistens Frostgefühle.
An Husten, da gewöhnt man sich.
Den Ofen hab ich. – Nur die Stühle
Sind längst verheizt. Und ich verkühle
Mich nun todsicher, fürchte ich.

Ich habe meistens Magenknurren.
Mir fehlen zirka 30 Pfund.
Ach, Weihnachtsmann, ich will nicht murren
Und gern den Riemen enger zurren.
Nur – ist das nicht sehr ungesund?

Ich wünsche mich 10 Jahre weiter.
Ich wünsche mir ... wo fang ich an? –
Ich grüble, friere wie ein Schneider;
Ich m ö c h t gern glauben, aber leider
Gibt's keinen lieben Weihnachtsmann.

F. A. Koeniger
(Roland von Berlin, 21. 12. 1947)

---

3. N.   Den 18. II. 47

Wie wir den harten Winter ertragen

Ein paar Wochen hält schon die große
Kälte an. Die Menschen frieren jetzt
besonders, weil sie Menschen keine Kohlen
nichts zu essen und keine Kleidung haben
Wir gehen jetzt sehr gerne in die Schule
weil es da schön warm ist, denn bei uns
zu Hause ist es meistens auch kalt. Die
Menschen frieren auch desshalb so doll,
weil sie so wenig Fett haben.
Früher war solch ein Winter ein Vergnügen
aber trotzdem, mal muß auch Frühling
werden.
— Inhalt: III Fehler: II Schrift II

Weihnachtsfest in der Berliner Nachkriegszeit

Für uns Kinder war das Weihnachtsfest der Höhepunkt des Jahres. Unsere bescheidenen Wünsche wurden auf liebevoll verzierten Wunschzetteln aufgeschrieben. Buntstifte, eine Federtasche, warme Strümpfe, neue Gardinen für die Puppenstube, daran kann ich mich noch erinnern. Unsere Kindergedanken kreisten um die Frage: Wird es einen Weihnachtsbaum geben? Angeboten wurden nur wenige Exemplare, und manche Familien mußten mit einem Tannenstrauß oder einem Adventskranz am Heiligen Abend vorliebnehmen.

Hatte meine Mutter jedoch ein kleines Bäumchen organisiert, dann schmückten wir ihn mit einigen gläsernen Kugeln, die wie ein Wunder die Kriegszeit unversehrt überstanden hatten. Aus einer Schachtel zogen wir vorsichtig einen großen Briefumschlag heraus: das Lametta vom vorigen Jahr – eine Kostbarkeit. Jedes Jahr glätteten wir diese dünnen Glitzerstreifen sehr sorgfältig und verwahrten sie bis zum nächsten Jahr. Selbst das Weihnachtspapier wurde aufbewahrt und im kommenden Jahr sogar aufgebügelt und wieder benutzt.

Das Weihnachtsmahl bestand meist aus Kartoffelsalat mit Würstchen, aber der Tisch war festlich gedeckt: mit einem weißen Tischtuch, Servietten und einigen Silberbestecken, die über die Kriegsjahre gerettet worden waren. Vor Aufregung konnten wir die lukullischen Kostbarkeiten nicht richtig genießen. Wir Kinder sahen immer aus dem Fenster, ob es nicht bald dunkel wurde. Es schien, als seien es die längsten hellen Tage im ganzen Jahr.

Erst als draußen die Laternen angingen, schritten Mutter und Großmutter zur Bescherung. Und dann die Geschenke! Da war die Puppe, die schon lange vor Weihnachten einfach verschwunden war, ganz neu angezogen. Sie hatte ein neues Kleid, Mütze und Schal und sogar eine kleine Umhängetasche, in der sich einige Pfennige befanden. Alles hatte »der Weihnachtsmann« selbst gestrickt. Eine warme Jacke aus aufgeribbelter Wolle lag für mich da, die gewünschte Federtasche aus Lederflicken zusammengesetzt, dazu ein Malbuch, Stifte und ein Kinderkalender. Wir waren rundum glücklich, denn ab und zu konnten wir von dem bunten Teller, der mit selbstgebackenen Keksen, Fondants, Äpfeln und Nüssen reichlich gefüllt war, naschen. Wir durften an diesem Tag auch so lange aufbleiben, wie wir wollten. Unsere Verwandten aus Thüringen hatten auch einige Lebensmittel mitgebracht, z.B. eingewecktes Kaninchenfleisch, getrocknete Pilze, Brombeermarmelade sowie Kartoffeln und Weißkohlköpfe, so daß wir alle, unsere Familie, Gäste und sogar die Nachbarn einmal im Jahr so richtig satt wurden. Meine Mutter und die älteren Damen in der Runde genossen dann ein kleines Täßchen echten Bohnenkaffee, man hatte zusammengelegt und 25 Gramm auf dem Schwarzen Markt erstanden.

Es waren für uns Kinder damals herrliche Tage!

Bruni T. Berlin

Politik *Ost / West*
Westl. Währungsreform als Anlaß für Blockade Berlins von Sowjetunion benutzt, Westmächte sollen Berlin verlassen. 26. Juni Beginn der Luftbrücke. Völlige Unterbrechung der existenznotwendigen Verbindungswege zw. Westberlin und westl. Zonen. Ostberlin scheidet aus gemeinsamer Verwaltung aus. Einsetzung einer Ostberliner Verwaltung unter Friedrich Ebert. Ernst Reuter zum Oberbürgermeister gewählt.

West

Kino
Ost
Dr. Crippen an Bord
In jenen Tagen
(Hinweis: »Die Theater sind geheizt«)

West
Die kupferne Hochzeit
Ninotschka

Theater
Ost
Friedrichstadtpalast *Carl Napp – Fahrendes Volk*
Volksbühne *Der Biberpelz*

West
Tribüne am Knie *Michael Jason*
Renaissance-Theater *Der Herr im Haus*

Was noch
Ost
Stalinfeier
Im Haus der Kultur der Sowjetunion fand die Geburtstagsveranstaltung »Die Persönlichkeit Stalins in der Literatur« statt. Der Abend wurde zu einer großen und überzeugenden Sympathiekundgebung für das sowjetische Volk und »seinen besten Menschen«.

Schlagzeilen
UNO stärkste Friedensmacht
Luftbrücke wichtiger als Sendetürme

Kinder
Leserbrief
Gebt den Kindern Kakao
Warum gibt es für die Kartengruppen IVa bis IVc (Kinder) anstelle von Tee nicht Kakao?
Kinder mögen lieber Kakao, außerdem schadet schwarzer Tee den Kindern.
Ella S., Heiligensee

Anzeige
2 junge Hühner verkauft günstig
Schaak, Neukölln, Spremberger Str. 5

Meldungen
Beleuchtung von Wärmehallen
Einige Tausend Liter Petroleum und 150 000 Kerzen werden auf dem Luftweg gebracht. Die Verteilung an die Wärmehallen erfolgt über Organisationen wie AWO, Rotes Kreuz, Innere Mission u.a.

Süßwarenhändlerin ermordet
Die 72jährige Süßwarenhändlerin Ann. B. wurde mit einem Handtuch erwürgt aufgefunden. Rund 400 kg Bonbons und Fondants, einige Lebensmittelkarten, sowie lose und geklebte Zuckermarken sind entwendet worden.

Erinnerung *West*
Während der Blockade erhielten wir Trockenkartoffeln, aber meine Oma brachte uns immer richtige Kartoffeln, Mohrrüben und ein paar Äpfel aus ihrem Schrebergarten in Treptow.
Anni K., Berlin

1948

Ost

Schlagzeilen
Erste HO-Läden eröffnet
Neue Stromzuteilungen für Weihnachten

Für die Hausfrau
Eine Hausfrau fragt: Wäre es möglich, auf Zuckermarken den sogenannten Puderzucker zu geben, um zu Weihnachten das Gebäck noch appetitlicher herrichten zu können?
Antwort: Ein unerfüllbarer Wunsch, weil zur Zeit noch entsprechende Einrichtungen zum Zermahlen des Zuckers fehlen.

Suche
Kameraden von Hans Linzer, Gefr. Feldpostnr. 12511D. Letzte Nachricht aus Donez. Erbitte Nachricht an Charl. Linzer, Schönfließ bei Fürstenberg

zum Weihnachtsfest

Wetter *Ost / West*
Bei schwachem bis mäßigem Wind überwiegend wolkig, nur geringe Niederschläge. Temp. tags 0 Grad, nachts leichter Frost.

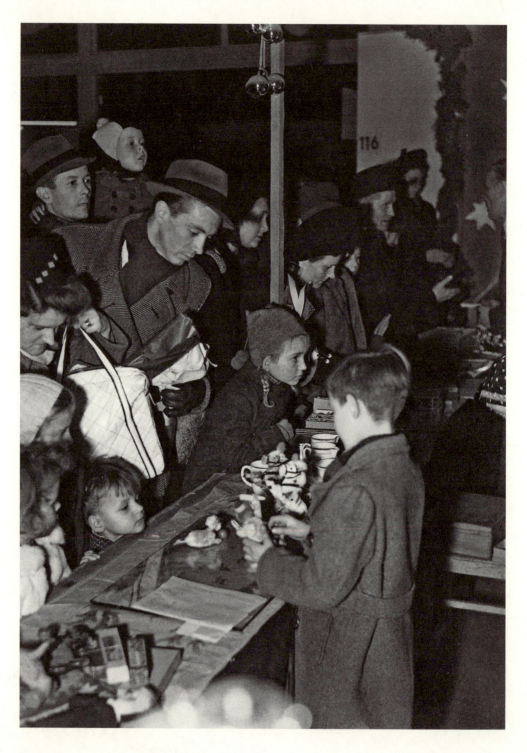
Eine Weihnachtsausstellung in den Hallen am Funkturm im Dezember 1948. Eltern suchen in dem spärlichen Angebot nach Geschenken für ihre Kinder.

Unter Polizeischutz: Großer Andrang beim verkaufsoffenen »silbernen« Sonntag am 12.12.1954 vor einem Kaufhaus in der Steglitzer Schloßstrasse.

Politik Ost / West

12. Mai: Ende der Blockade. 277 728 Flüge hatten 2 110 235,5 Tonnen Güter nach Westberlin gebracht. Anstieg der Arbeitslosigkeit in Westberlin. Bonn wird Hauptstadt der Bundesrepublik Deutschland, symbolisches Bekenntnis zu Berlin als Hauptstadt eines wiedervereinigten Deutschlands. Ostberlin Sitz von Volkskammer und Regierung der DDR. Adenauer bildet Regierung aus CDU, FDP und DP. Wilhelm Pieck komm. Präsident der Deutschen Demokratischen Republik. Interzonenhandelsabkommen zw. Ost- und Westdeutschland verlängert. Gründung der NATO.

Kino
Ost
Es war eine rauschende Ballnacht
Casanova

West
Arabische Nächte
Morgen beginnt das Abenteuer

Theater
Ost
Komische Oper *Der Vogelhändler*
Deutsches Theater *Faust I*

West
Hebbel-Theater *Undine*
Theater am Kurfürstendamm
Ist die Welt nicht schön?

Was noch
Ost
Haus der Kultur am Festungsgraben
K.E. v. Schnitzler, Vortrag: »Was brachte uns das Jahr 1949?«

Stalin-Ausstellung
Haus der Deutschen Presse
Friedrichstraße am S-Bahnhof

West
Bockbier aus Westberliner Brauereien
Anstoß am 19. Dezember 1949

West

Schlagzeilen
Dr. Adenauers Beziehungen zur Schwerindustrie erwecken im Ausland Mißtrauen
Schluß mit den Menschenverschleppungen. SPD verlangt Einschreiten der Westmächte und UNO gegen Zustände in der Ostzone

Meldung
Der letzte Besucher der Weihnachtsmesse am Funkturm, der 202 000., ein Arbeitsloser aus Britz, erhielt gestern als Geschenk eine Reise nach Westdeutschland und zurück. Er wird seine aus dem Osten geflüchteten Verwandten in Frankfurt / Main besuchen.

Für die Hausfrau
Wurstfabriken arbeiten wieder
In Westberlin arbeiten 11 Fleischwarenfabriken und 1400 Fleischverkaufsstellen mit ca. 480 Arbeitern. Durchschnittlich werden im Monat 450 t Wurstwaren verbraucht.

Anzeige
Mäntel zu erschwinglichen Preisen
69,– bis 120,– DM
Einkaufserleichterung durch ABC-Kredit,
$1/3$ Anzahlung, Rest in 5 Monatsraten
LEINEWEBER – Das Haus, das jeden anzieht
Kantstr. 7, Am Zoo

Erinnerung *West*
Ich war damals bei den Falken und erinnere mich noch, daß jedes Jahr vor Weihnachten Sonnenwendfeiern abgehalten wurden, bei denen prominente Sozialisten wie Ernst Reuter sprachen. Danach war Feuerspringen für die Mutigen angesagt.
Werner S., Berlin

1949

Ost

Schlagzeilen
Baumeister des Friedens – 70. Geburtstag von Stalin
22.12. Der letzte Transport aus Polen – Nach diesem Transport befinden sich keine deutschen Kriegsgefangenen mehr auf polnischem Territorium

Anzeige
Getrocknete Zwiebelschalen oder Zwiebelschalenmehl zu kaufen gesucht.
Nahrungsmittelfabrik Freiberg i. Sa.

Kinder
Luftballon verschluckt
Einen unaufgeblasenen Luftballon verschluckte die fünfjährige Christa K. aus Borsigwalde. Das Kind erstickte.

Wetter *Ost / West*
Wolkig bis heiter, Höchsttemp. tags um 2 Grad, nachts bis –5 Grad.

Politik *Ost / West*
DDR lehnt gesamtdt. freie Wahlen ab. Wahlen in Westberlin: SPD 44,7 %. 3 870 000 versorgungsbedürftige Opfer beider Weltkriege in Deutschland, in Westdt. 988 000 Witwen und 1,3 Millionen Waisen. Koreakrieg. Sowjetbehörden behindern durch verschärfte Kontrollen und Schikanen den Verkehr von und nach Berlin. Als Folge der Wirtschaftskrise wird Westberlin zum Notstandsgebiet erklärt. Konrad Adenauer als Bundeskanzler erstmalig in Berlin. Einstellung der Stromlieferungen der DDR nach Westberlin. Die ersten Notaufnahmelager werden eingerichtet.

Kino
Ost
Die lustigen Weiber von Windsor
Oh, dieser Mann

West
Die Nacht ohne Sünde (mit Grete Weiser)
Ja, ja die Liebe (mit Ingrid Bergmann)

Theater
Ost
Metropol-Theater *Frasquita*
Theater am Schiffbauerdamm
Bauer als Millionär

West
Hebbel-Theater *Mein Herz ist im Hochland*
Theater am Kurfürstendamm
Fuhrmann Henschel

Was noch
Ost
22. 12. Großer Sendesaal, Masurenallee *(noch unter ostzonaler Verwaltung)*
Konzert
Die Völker lieben Stalin
Siegreich breitet sich das Licht
Ode auf die Stalinsche Verfassung
Eintritt frei

West

Schlagzeilen
Truman verkündet Notstand in USA
4 Mill. Streitkräfte nach Korea
Silberner Sonntag in Berlin

Anzeige
Weihnachten im Casaleon
SW 29 Hasenheide 69
In der schönsten Bar Berlins
Tanz auf Glas und Rosen

Preise
Wollschlüpfer
Gr. 42–52 für 9,75 DM
Frottierhandtücher ab 1,75 DM
Rudolph Hertzog am Zoo
Hardenbergstr. an der Gedächtniskirche

Erinnerung *West*
Zu Weihnachten war es immer am schlimmsten für die Frauen, die noch hofften, daß ihre Männer aus Rußland zurückkämen. Es gab auch viele Betrüger, die angeblich die Vermißten im Lager gesehen hatten und allerlei erzählten, was nicht stimmte. Meist bekamen sie von den vertrauensseligen Frauen Geld und Kleidung. In den Zeitungen wurde immer vor diesen Betrügern gewarnt.
Charlotte S., Berlin

1950

Ost

Schlagzeilen
Glückwünsche zu Stalins Geburtstag
Stalin: der erste Gelehrte unserer Zeit

Meldung
Die Rationierung von Lebensmitteln wie Hülsenfrüchten, Nährmittel, Mehl, Grieß, Haferflocken wird aufgehoben, rationiert bleiben: Fleisch, Fisch, Fett, Eier, Milch, Zucker.

Anzeigen
Wäschefabrikant wünscht Frau betreffs Beteiligung, Betriebsvergrößerung kennenzulernen. Maschinen vorhanden. Zuschr. 3837 Berl. Z. Berlin W 8

Vorschläge für Weihnachtsgeschenke
Flötenkessel 27,– M, Drehbleistift 2,90 M, Skatspiel 3,90 M

Meldung
Wilhelm-Pieck-Straße
Zur Ehren des 75. Geburtstages des Präsidenten der Deutschen Demokratischen Republik werden am 2. 1. um 16.30 Uhr die Elsässer und Lothringer Straße in Wilhelm-Pieck-Straße umbenannt. Die Berliner Bevölkerung wird aufgefordert, durch ihr zahlreiches Erscheinen diesen Festtag zu würdigen.

Wetter *Ost / West*
Schwach windig, trübe, überwiegend niederschlagsfrei, leichter bis mäßiger Frost, vereinzelt Straßenglätte.

Politik *Ost / West*
Berliner Koalitionsregierung aus SPD, CDU und FDP, Regierender Bürgermeister Ernst Reuter (bis 53). Weltjugendfestspiele in Ostberlin. Westliche Alliierte beenden den Kriegszustand mit BRD. Erste Grüne Woche. Die Freie Universität erhält 1,3 Mill. Dollar Spenden aus Mitteln der Ford-Stiftung. RIAS beginnt mit der Sendung »Wo uns der Schuh drückt«.

West

Schlagzeilen
Ollenhauer: Europäische Verteidigung – mit England und Skandinavien
Wyschinski sagt wieder »njet«

Kino
Ost
Wilhelm Pieck – Der Präsident
Ditte Menschenkind

Meldung
Freiheitsglocke darf läuten
Gegen das Läuten der Freiheitsglocke nach Ausklang des Weihnachtskonzertes vor dem Rathaus (Schöneberg) und in der Silvesternacht v. 0.00 bis 0.10 Uhr bestehen keine Bedenken. (Hinweis: Am Heiligen Abend 1950 hatten sich ca. 5000 Menschen vor dem Rathaus Schöneberg versammelt.)
(LAB Rep 002 Nr. 94)

Theater
Ost
Theater der Freundschaft
Rotkäppchen
Theater am Schiffbauerdamm
Verstand bringt Leiden

Kinder
Ein amerikanisches Flugzeug mit 2000 Pfund Spielzeug für Berliner Kinder ist in Tempelhof eingetroffen. Das Spielzeug war auf Veranlassung eines Journalisten aus den USA gesandt worden.

Was noch
Ost
Zirkus BARLEY
Premiere! Tiere, Tiere – wie noch nie
Eisbären, Elefanten, Löwen, Kamele, Zebras, Lamas, Rassepferde, Shetland-Ponys

Anzeigen
Zum Fest
Dauerwellen 3,– DM
Kaltwelle-Lockwell 6,– DM
»Salon Gerda«
Zeppelinstr. 7

West
Wintersonnenwende am 22.12.1951 im Sommergarten am Funkturm
Die Feuerrede »Lodre, Flamme der Freiheit« hält der Regierende Bürgermeister Ernst Reuter

Wunsch
Rentner, älterer, noch rüstig und solid, wü. bei alleinst. Witwe miteinzuwohnen. Bett u. Küche vorh., Zuschr. VB 817

Erinnerung *Ost*
Für uns Jugendliche waren die Nachkriegsjahre nicht schlecht. Wir sind oft vom Friedrichshain, wo wir wohnten, rüber nach Kreuzberg, einfach nur »Geschäfte« angucken. Manchmal wurden wir zum Kino eingeladen oder bekamen eine Apfelsine geschenkt. Der »Sozialismus« interessierte uns damals wenig.
Heinz Z., Berlin

1951

Ost

Schlagzeilen
Richtfest an der Weberwiese
Stalin Friedenspreis für Anna Seghers

Anzeigen
»Ein saftiger Braten zum Fest«. HO, Konsum und Geschäfte des Fleischerhandwerks bieten an:
Schweinefleisch
Kotelett 6,40 M
Knochen 0,75 M

Aus dem ehemaligen Ostpreußen, Gutsverwalter, stattliche Erscheinung, 48 J. 178 gr., strebsam, solide, Nichtraucher, Nichttrinker, Ersparnisse 1100 M, sucht vollschlanke Dame, Einheirat in Geschäft, Fahrbetrieb oder Landwirtsch. B 5464 Bln. Z. W8

Konsum Textilhaus bietet an:
Damenblusen ab 21,– M
Herren-Skianzüge 88,– M

Reisebüro »Norden« bietet an:
Winterreisen
Saalfeld (Hotel Anker)
30. 12. – 1. 1. (3 Tage 98,– M)
Erholung in der Ruppiner Schweiz
Zimmer, 7 Tage 63,– M

Wetter *Ost / West*
Schwacher Wind von Südwest, diesig und bewölkt. Bis Weihnachten ist kein Schnee und stärkerer Frost zu erwarten.

»Wo uns der Schuh drückt«

In dieser vielgehörten RIAS-Sendung wandte sich der Regierende Bürgermeister Ernst Reuter regelmäßig an Menschen in Ost und West, Alltagsprobleme wurden angesprochen, Reuter erhielt jährlich Tausende von Briefen besonders zu Ost-West-Problemen. Nach dem Tode von Ernst Reuter 1953 führten die Stadtoberhäupter die Tradition weiter, jedoch erreichte die Sendung nie wieder die große Popularität wie unter Ernst Reuter.

Auszüge aus der Ansprache »Wo uns der Schuh drückt« vom 5. Januar 1952:

»Wir haben inzwischen die Feiertage hinter uns, und ich hoffe, Sie haben alle die Gelegenheit benutzen können, sich von ihrer täglichen Arbeit zu erholen.«

Reuter geht jetzt auf die zahlreichen Probleme in Berlin ein:

»Die Stadt Berlin kann auf Dauer diese ungeheuerliche Last von 5 bis 6 Tausend Menschen, die monatlich zu ihr strömen, gar nicht tragen. Es sind, soweit ich weiß, seit Anfang 1949 über 170 000 Menschen nach Berlin gekommen. Herr Ebert [d.i. der damalige Oberbürgermeister Ostberlins] war so liebenswürdig zu erklären: das sind alle die Junker und Kapitalisten, die wir mit Recht ausrotten und enteignen. (…) Nun ich habe hier eine Zusammenstellung über ungefähr 33 000 Flüchtlinge nach ihrer sozialen Zusammensetzung. Ich suche dabei die Junker und die Kapitalisten und stelle fest: es sind 28 Prozent Arbeiter, es sind 24 Prozent Angestellte in öffentlichen und privaten Diensten, es sind 856 Landwirte. Das sind wahrscheinlich die Junker. Aber ich weiß ganz genau, daß es ganz kleine Junker sind, ganz kleine normale Landwirte. Es kommen sogar, schrecklicherweise, Herr Ebert, Neulandwirte hierher und flüchten, weil sie es nicht aushalten können.«

Im folgenden werden die Sorgen der Arbeitslosen, Miet- und Wohnungsprobleme sowie die Verbesserung der Versorgung mit Kohle aus der Bundesrepublik angesprochen. Danach äußert sich Reuter zu einem weiteren Problem:

»Etwas bedrückt jeden ehrlichen Berliner: Daß die Einkauferei in den HO-Geschäften immer und immer wieder in so unangenehmer Weise sich bemerkbar macht.
Ich fühle mich nicht berechtigt, einen Stein auf diejenigen zu werfen, die, weil sie Ostgeld verdienen und nur 75 Prozent Westgeld auf dem Wege des Umtausches erhalten, ihre 25 Prozent Ostgeld in HO-Läden glauben umsetzen zu müssen. Ich würde auch keinen Stein auf wirklich Arme und Bedürftige werfen, aber ich habe, wie ich auch aus der Korrespondenz merke, das Gefühl: Diejenigen, denen es schlecht geht, sind treuer und zuverlässiger als diejenigen, denen es besser geht. Ich kann mich nicht selbst vor die HO-Läden stellen und kontrollieren, aber ich höre doch von allen Seiten, wer zu den HO-Läden geht und was für Wagen vor den HO-Läden stehen. Ich glaube, wir müssen insbesondere Maßnahmen treffen, um das En-gros-Einkaufen im Osten zu verhindern, das zu unerhörten Gewinnen beim Absetzen hier in Westberlin führt.

Es ist schade, daß wir gezwungen werden, einen solchen gesetzlichen Weg zu gehen. Ich glaube, in der Zeit der Blockade wäre eine solche Anregung nicht notwendig gewesen. Da hat jeder gewußt, wohin er gehört und was er zu tun hat. Wir haben Hunderttausende von Menschen bewundert, die es trotz aller Versuchungen abgelehnt haben, drüben im Osten einzukaufen, weil sie deutlich zeigen wollten, wohin sie gehören. (...)
Soviel für heute. Ich hoffe, in 14 Tagen, am Sonntag, dem 20. Januar, wieder zu Ihnen sprechen zu können.«
    (LA B Rep. 002 Nr. 31-93)

Ernst Reuter, Oberbürgermeister und Regierender Bürgermeister von 1949 bis zu seinem Tod 1953. Der volksnahe und populäre Politiker sprach die Sorgen und Nöte der Berliner in Ost und West gleichermaßen an.

Politik *Ost / West*
Ab November Verbot für Westberliner zum Einkauf von Lebensmitteln und Industriewaren in Ostberlin. Verbot für Angehörige der Polizei und Mitarbeiter des Staats- und Verwaltungsapparates, Westberlin zu betreten. Telefonverbindung zwischen Ost- und Westberlin von DDR-Seite unterbrochen. Besuche von Westberlinern in die DDR nur mit Aufenthaltsgenehmigung erlaubt. Interzonenabkommen regelt Warenaustausch und Verrechnungseinheiten. Ges. f. Sport und Technik (DDR) erhält paramilitärische Ausbildung, kasernierte Volkspolizei und Grenzpolizei führen militärische Dienstgrade ein.

West

Kino
West
Olympia – Helsinki
Der einzige Olympia-Film in der »Kurbel«

Theater
West
Schiller-Theater *Rose Bernd*
Komödie *Hokuspokus* (m. Curt Goetz u. Valerie von Martens)

Was noch
Ost
Ballhaus Friedrichsstadt
Berlin N 4, Linienstr. 121
Tanz auf 3 Etagen
Sonnabend lange Nacht

Fernsehen
West
Am 25. 12. 1952 offizieller Beginn des Fernsehens in der BRD. Gezeigt wird ein Fernsehspiel über die Entstehungsgeschichte des Liedes »Stille Nacht, heilige Nacht«.

Schlagzeilen
Täglich flüchtet ein ganzes Dorf
Bis zu 200 Personen – Bauernflüchtlinge täglich
Senat beschließt Mieterhöhung
Rentenerhöhung auch in Berlin

Meldungen
Angestellte des HO-Lagers 9802 im Bezirk Mitte (Sowjetsektor) mußten gestern aus 5000 im Ostsektor beschlagnahmten Weihnachtspäckchen alle Lebensmittel und Süßigkeiten herausnehmen. Die Päckchen wurden umgepackt und werden am Sonnabend in einer Weihnachtsfeier im Hause der FDJ an Kinder von SED-Funktionären verteilt.

Auf Beschluß der Spandauer Bezirksverordnetenversammlung sind in den Bahnhöfen Spandau und Spandau-West Schilder angebracht worden, auf denen die Berliner Mitreisende, besonders Schlafende, vor der Weiterfahrt nach Falkensee (Sowjetzone) warnen sollen.

Wunsch
Ein amerikanischer Sportsmann, 28 J., möchte gern m. Berlinerinnen korrespondieren, die gleichfalls sportlich interessiert sind. Zuschr. an Leserbr. Redak., Telegraf

Erinnerung *West*
Meine Eltern hatten ein kleines Pachtgrundstück mit Obstbäumen und einer primitiven Laube in Kleinmachnow, in der wir uns im Sommer oft aufhielten. Dann war es verboten, aber wir versuchten es immer wieder. Mein Vater fällte sogar eine Tanne, weil er den Weihnachtsbaum »den Kommunisten« nicht schenken wollte.
Ingeborg K., Berlin-Zehlendorf

1952

Ost

Schlagzeilen
Volkskammer beschloß Plan 1953
Richtfest für das Hochhaus A-Süd am Strausberger Platz
Stalin – das ist der Sieg
Weihnachtseinkäufe in den ersten Läden der Stalinallee

Kinder
In Berlin fand eine große Zahl von Weihnachtsfeiern für Kinder von Westberliner Arbeitslosen statt. Am Sonntag vor Weihnachten waren »Stumm«-Polizisten im amerikanischen Sektor eingesetzt, um den Kindern die Geschenke zu rauben. Das wurde mit der Begründung getan, daß es sich bei den Sachen um »illegal eingeführte Ostware« handelt.

Meldung
Während im Westen unserer Heimat trotz Friedensglocken und Weihnachtsliedern für den Krieg gerüstet wird, arbeiten die Betriebe in der Deutschen Demokratischen Republik für den Frieden. Am Neujahrsmorgen um 6 Uhr ging der Sonderwettbewerb der Stahl- und Walzwerke der Deutschen Demokratischen Republik zu Ende.
(Der junge Pionier, 5.1.1952)

Anzeige
AKRA Universal Küchenmaschine
Mischmaschine, Quirl, Rühr- und Hackmaschine, Mandel- und Kaffeemaschine
Durch Verwendung von Zusatzgeräten kann die AKRA Küchenmaschine auch als Staubsauger benutzt werden

Wetter *Ost / West*
Schwache bis mäßige Winde, stark bewölkt, strichweise Niederschlag, meist als Regen. Temp. um 0 Grad, nachts meist frostfrei.

Politik *Ost / West*
Gründung der »Kampfgruppen« in der DDR. Arbeiteraufstand in Ostberlin am 17. Juni. Bis Juni suchen aufgrund von Versorgungsmängeln und der Erhöhung der Arbeitsnormen ca. 49 000 Menschen Aufnahme in Westberlin. Interzonenpässe zw. BRD und DDR abgeschafft, verstärkte Reisetätigkeit. Tod Ernst Reuters, Walther Schreiber (CDU) zum Reg. Bürgermeister gewählt (bis 1955). Krönung von Königin Elisabeth. Tod Stalins. Neuer Kurs in der Sowjetunion.

West

Schlagzeilen
Moskau inszeniert Schauprozeß gegen Berija
Massenstürze durch Glatteis
Autobahn vereist

Meldung
Das amtl. Telefonbuch erscheint erstmals ohne Anschlüsse im sowj. Sektor.

Kino
Ost
Die Geschichte vom Kleinen Muck
Kein Platz für Liebe

Für die Hausfrau
Tausend Mark für ein Menü
Einen knisternden Tausendmarkschein erhielt Frau Franzke, Moritzplatz 6, als ersten Preis für das von der Firma Hefter veranstaltete Preisausschreiben »Geburtstag kurz vor dem Ersten«. Es sollte das beste und rationellste Menü einschließlich Getränke für 8 Personen unter Verwendung von Hefter-Lebensmitteln zusammengestellt werden. Mit 19,29 Mark blieb sie als Siegerin unter dem vom Veranstalter gesetzten Limit von 20 Mark.

Theater
Ost
Deutsche Staatsoper *Die Stumme von Portici*
Kammerspiele *Fernamt... Bitte melden*

Was noch
Ost
Karl-Marx-Ausstellung
Museum für Deutsche Geschichte
Unter den Linden

Rheinterrassen Bahnhof
Friedrichstraße
Konzert- und Tanz-Cafe
Gepflegte Getränke, kalte und warme Küche
Jetzt HO-Bewirtschaftung

Erinnerung *Ost*
Meine Töchter wohnten alle im Westsektor, und wir
besuchten uns regelmäßig. Es waren die »kleinen Dinge«,
die wir bewunderten und gerne mitnahmen. Kochrezepte,
Strickanweisungen, Haushaltstips und – heute schäme
ich mich fast – auch die Groschenromane.
Herta F., Berlin

1953

Ost

Schlagzeilen
Glückwunsch für Mao Tse-tung
Freudiger Ausblick auf 1954
Stalins Worte geben wieder Mut

Meldung
Forderung nach besserer Produktion von Gebrauchsgütern
Durch eine Verpflichtung sollen im nächsten Jahr
verstärkt produziert werden:
Möbel, Heißwassergeräte, Spiegelreflexkameras,
Schuhwerk aus Leder, Bestecke, Reißverschlüsse, Eimer,
Edelgewürze und Spezialbiere.

Preise
Angebot
Warenhaus am Alex
Weinbrand 0,7l 12,– bis 22,– M
Kräuterlikör 0,7l 8,30 bis 12,– M
Sekt Fl. 15,– M

Weihnachtswunsch
Selbständiger Gastwirt, rüstig, 68, sucht
Lebensgefährtin mögl. mit Grundstück. Zuschr. Weiss,
Klement-Gottw.-Str. 45

Wetter *Ost / West*
Schwach windig, überwiegend bewölkt, Tagestemperaturen wenig über Null,
nachts leichter Frost.

Weihnachten 1953 – Eine Rede Friedrich Eberts

Weihnachten war auch immer die Zeit der großen Versprechungen der Politiker. Oberbürgermeister Friedrich (»Fritze«) Ebert, populärer Oberbürgermeister in Ostberlin, ergriff in der Sitzung des Magistrats am 18.12.1953 das Wort und nahm zu der schwierigen wirtschaftlichen Lage und der Stimmung nach den Ereignissen des 17. Juni 1953 Stellung.
Ebert, Sohn des 1. Reichstagspräsidenten und Vorsitzenden der SPD, Friedrich Ebert (1871–1925), war äußerst populär und sah sich in dieser Notsituation gezwungen, Maßnahmen zur Verbesserung der Lage für Arbeiter und Angestellte anzukündigen. In der Kritik an den wirtschaftlichen Verhältnissen kommt sein volkstümlicher Humor zum Ausdruck, der sich – heute – wie ein Text fürs Kabarett liest.

»In vielen Fällen (sind) die berechtigten Beschwerden der Arbeiter und anderer Werktätiger von den staatlichen Organen, den Werkleitern, aber auch von den Gewerkschaften nicht genügend beachtet worden. (In Zukunft müssen Maßnahmen) wesentlich zur Verbesserung der Arbeits- und Lebensbedingungen beitragen.«

Auf die Arbeitsschutzbedingungen eingehend, heißt es: »Es geht unter keinen Umständen, daß der Eifer für die Planerfüllung zu einer Vernachlässigung der Arbeitsschutzbestimmungen führt und dadurch das Leben und die Gesundheit unserer Arbeiter gefährdet werden.«

Folgende Verbesserungen werden – kurz vor Weihnachten – angekündigt:
– für vom FDGB organisierte Urlaubsreisen werden die Fahrpreise um 33,3 % ermäßigt
– die Lohngruppen V bis VIII werden erhöht
– für den Bau von Eigenheimen wird Gelände in Weißensee und Köpenick bereitgestellt
– die Produktion von Massenbedarfsartikeln, wie Textilien, Rauchwaren, Lederschuhe, wird erhöht
– größere Auswahl bei Lebensmitteln: »Wir wollen auch nicht mehr nur Schmalz angeboten bekommen, sondern wählen können zwischen Schweineschmalz, Wurstfett, Griebenschmalz, usw.«

Ebert begrüßt, daß es auf dem bereits eröffneten Weihnachtsmarkt viele Angebote für das Fest und den täglichen Bedarf gäbe, fordert jedoch künftig mehr Initiative und Sorgfalt bei der Produktion.
»Ich appelliere besonders an die Werkleiter und die Arbeiter volkseigener Betriebe, der zusätzlichen Produktion von Massenbedarfsgütern mehr Aufmerksamkeit und Liebe zu widmen. (...) Ein gutes Beispiel gibt uns das Walzwerk Hettstedt. Dort wurden in enger Zusammenarbeit zwischen Kumpeln, Werkleitung und technischer Intelligenz die Voraussetzungen geschaffen, daß bereits am 30. November 4000 Schüsseln hergestellt waren. Man nahm auch Eßbestecke und Taschenlampenbatterien in den Zusatzplan auf.«

Friedrich Ebert warnt jedoch vor Übereifer und unüberlegter Produktion. »Wir dürfen es nicht so machen wie ein großer Industriebetrieb in Köpenick, der einen Universal-Öffner herausbringen will, mit dem man alles von der Schnapsflasche bis zur Sardinenbüchse öffnen kann. Was er uns vorgelegt hat, ist jedoch die Karikatur eines Büchsenöffners, ist Tinnef, der nach der ersten Benutzung so verbogen ist, daß man es auf einer Westberliner Kunstausstellung wahrscheinlich als ein modernes Kunstwerk preiskrönen würde.«

Ein zweites Beispiel der Fehlproduktion wird angeführt:
»Die Erzeugung zusätzlicher Massenbedarfsartikel macht es notwendig, der zweckmäßigen Verwendung der Produktionsabfälle größere Aufmerksamkeit zu widmen. Hier liegt noch manches im argen. Das VEB Putztuchwerk in Köpenick erhielt z.B. vom Fortschrittswerk Weissensee sogenannte Lumpen. Die Kollegen des Putztuchwerkes sahen sich diese Lumpen jedoch etwas genauer an und stellten fest, daß darunter auch Stoffabfälle im Ausmaß von 60 mal 80 cm und noch größer waren. Sie waren ihnen zu schade, um in den Zerreißwolf geworfen zu werden. (...) Private Konfektionsbetriebe fertigten daraus Kinderkleidung an. (...) Aber jetzt kommt der Pferdefuß: Die Firmen sollen diese aus Abfällen hergestellten Kindermäntel usw. etwa zum doppelten ihres Kalkulationspreises verkaufen. Da kauft sie natürlich niemand, und die Initiative unserer Wirtschaft wird wieder einmal erstickt durch die Unbeweglichkeit unserer Preispolitik.«
(LA C Rep. 101 Nr. 1401)

Zum Wünschen und Verschenken:

Rechenautomaten und logische Spiele
Von Mihály Kovács

„...Wo hat es soetwas schon gegeben: ein Buch, nach dessen Instruktionen man sich Dutzende verschiedener Computer selbst bauen kann – Automaten, die tatsächlich allesamt funktionieren, mit denen man rechnen, Probleme simulieren oder einfach spielen kann... Kovács zeigt uns in Wort und Schaltbild, was wir zu tun haben..." alpha, Berlin
(Broschur 8,– M)

Hochpolymere und ihre Prüfung
Von Dipl.-Metalloge Heinz Schmiedel und Dipl.-Ing. Hartmut Schiefer

Ausgehend von einem Überblick über die handelsüblichen Plastwerkstoffe, ihre Herstellung, Aufbereitung, Eigenschaften, Verarbeitung und Anwendung werden mechanisch-technologische Werkstoffprüfverfahren und Prüfverfahren für die Ermittlung verarbeitungstechnischer Eigenschaften behandelt. Auch der interessierte Laie soll über Plastwerkstoffe und Ermittlung von Materialkennwerten unterrichtet werden. (Broschur, zelloph. 5,50 M)

Forscher – Funker – Ingenieure
Von Walter Conrad

Dieser Band bringt dem Leser in erzählender Form die wesentlichen Schritte aus acht Jahrzehnten drahtloser Nachrichtentechnik nahe. Er zeigt, daß die großen wissenschaftlich-technischen Entdeckungen von Faraday, Maxwell, Hertz, Nipkow und Hülsmeyer, um nur einige zu nennen, entscheidend von ihrer jeweiligen gesellschaftlichen Umwelt beeinflußt werden und nicht Zufallsergebnisse oder geniale Eingebungen sind. (Ganzgewebeeinband 10,80 M)

Zu beziehen durch den Buchhandel

VEB FACHBUCHVERLAG LEIPZIG fv

Zwei Kinderbriefe

Lieber Weihnachtsmann!
Ich wünsche mir ein paar Schlittschuhe und dazu einen schönen Pullover. Der Schlittschuhsport interessiert mich sehr. Ich möchte später einmal Eiskunstläuferin werden.
Ein interessantes Buch, wie zum Beispiel »Mit Bärbel fing es an« oder »Die Jungen von Zelt 13« wünsche ich mir auch.
Und dann wünsche ich mir noch einen bunten Weihnachtsteller mit Pfefferkuchen, Äpfeln, Nüssen, Schokolade und einer Kokosnuß.
Nicht wahr, lieber Weihnachtsmann, Du erfüllst mir meine Wünsche!
Es grüßt Dich herzlich
Deine junge Pionierin
Doris Witzke, Berlin – Fehrbelliner Straße

Mein Weihnachtswunschzettel
Eigentlich habe ich einen ganz großen Wunsch. Mein Bruder soll Weihnachten zu Hause sein. Sonst weint Mutti – und das tut mir immer so weh. Mein Bruder wurde vor längerer Zeit verhaftet, weil er auf einer Versammlung die Einheit für Berlin – unsere Hauptstadt – forderte. Und dann möchte ich gerne ein Paar Winterschuhe. Die alten sind zu klein geworden. In meinen Sandalen friere ich an den Füßen. Mutti läßt mich dann auch nicht hinaus – sie hat Angst, daß ich krank werde, und für den Doktor haben wir doch kein Geld. Ich weiß auch noch gar nicht, ob in unserer Stube ein Tannenbaum stehen wird. Ich schaue doch aber so gern in die im Kerzenlicht flimmernden Glaskugeln. Dabei kann man so schön träumen – von der Zeit, wo Vati wieder Arbeit haben wird.
Helma K., Westberlin
(beide Briefe aus »Der junge Pionier«, 19.12.1953)

Weihnachtsmarkt auf dem Marx-Engels-Platz im Dezember 1954. In der DDR standen Friedensparolen stets im Vordergrund und nicht der christliche und historische Bezug zum Fest.

Politik *Ost / West*
Theodor Heuss wird in Berlin zum zweiten Mal zum Bundespräsidenten gewählt. Wahl zum Abgeordnetenhaus in Westberlin, Koalitionsregierung aus SPD und CDU. Reg. Bürgermeister Otto Suhr, Willy Brandt Präsident des Abgeordnetenhauses. Kuratorium Unteilbares Deutschland gegr. »Volkswahl« mit Einheitsliste in der DDR. Friedrich Ebert zum Oberbürgermeister Ostberlins wiedergewählt. »Deutschlandvertrag« zwischen Westmächten und BRD regelt Luftverkehr von und nach Berlin. Deutsche Fußballnationalmannschaft wird Weltmeister in Bern.

West

Schlagzeilen
Ollenhauer steht allein – Zwischen Wiedervereinigung und Wiederbewaffnung
Windstärke 11 über Berlin

Kino
West
Die Wüste lebt
Rittmeister Wronski

Meldung
Weihnachtsmann begrüßt Ex-Berliner
300 Fluggäste staunten, als ihnen nach der Paßkontrolle ein Weihnachtsmann und ein schwarzlockiges Heinzelmännchen kleine Geschenke überreichten. Jeder in Tempelhof ankommende Fluggast erhielt einen Coca-Cola-Cellophanbeutel mit Westberliner Erzeugnissen. Firmen wie Mampe und Meyer, Sarotti und Fresöni, Zigaretten von Muratti, Parfum von Schwarzlose hatten gemeinsam mit dem studentischen Kundendienst »Heinzelmännchen« und dem Verein Berliner Kaufleute und Industrieller diese weihnachtliche Aktion organisiert und durchgeführt.

Theater
West
Hebbel-Theater *Krach im Hinterhaus* (m. Edith Schollwer)
Schiller-Theater *Die Meuterei auf der Caine*

Was noch
Ost
Delphi Weißensee
Sondergastspiel
Ingeborg von Streletzky
Als Gast aus Westberlin
Karten 1,– bis 5,– M

Preise
Durchschnittliches Monatseinkommen einer vierköpfigen Familie zwischen 250,– und 425,– DM.
Ausgaben durchschnittlich: Miete 35,– DM, Lebensmittel 94,– DM, Bekleidung 14,25 DM, Bildung und Kultur 12,– DM, Rest für Genußmittel, Hausrat, Heizung und Beleuchtung, Körper- und Wohnungspflege, Fahrkosten und Verschiedenes.

Fernsehen
West
12.30 Uhr Weihnachtsbescherung des Bundeskanzlers für Waisenkinder
20.30 Uhr Die unvergängliche Puppenwelt

Für die Hausfrau
Rotkohl doppelt so teuer
Der Fruchthof gibt bekannt, daß Rotkohl mit 48–50 DM je 100 kg doppelt so teuer wie im Vorjahr ist.

Wünsche
Vati, 53, in Stellung, Tochter 15, suchen dringend Leerzimmer oder Wohnung.
Anz. VN 225.

Erinnerung *West*
An das Weihnachtsfest 1954
kann ich mich noch gut erinnern.
Mein Schwager kaufte bei Eduard
Winter am Rathaus Steglitz
einen VW-Käfer und wir machten
eine Fahrt durch Berlin.
Eva K., Berlin

1954

Ost

Schlagzeile
Einweihung der wiederaufgebauten Jannowitzbrücke

Meldungen
Der Erfinder der Thermosflasche, Reinhold Bürger, ist
am 21.12. gestorben.

Beschluß des Magistrats von Groß-Berlin am 30.10.1954:
Zur Durchführung von Weihnachtsveranstaltungen für
alleinstehende alte Mitbürger werden 200 000 M zur
Verfügung gestellt. Begründung: »In Vorbereitung der
Wahlen in Westberlin am 5.12.1954 werden den West-
berliner Rentnern vom Schreibersenat hinsichtlich
künftiger Betreuungsmaßnahmen niemals erfüllbare
Versprechungen gemacht. Dieser unehrlichen Propaganda
entgegenzuwirken ist mit eine besondere politische
Aufgabe unseres Staates.«
(LA C Rep 100-05 Nr. 0941)

Weihnachtswunsch
Rentner, 70, Obstgarten, 2 Stuben, Küche, Veranda,
sucht Rentnerin evt. Heirat. Zuschr. 8752 BZ Pavillon,
Berlin NW 7

Für die Hausfrau
Fettaufruf für Monat Januar
Ausgabe von Fett (200 bis 600 g) aufgeteilt für Bezieher
von Grundkarten, Zusatzkarten, werdende und stillende
Mütter, Muttermilchspenderinnen.
Auf die Fleischabschnitte sämtl. Lebensmittelkarten
können wahlweise für 200 g Fleischmarken 4 Eier be-
zogen werden.

Wetter *Ost / West*
Stürmische Winde aus West, tagsüber, wechselnd wolkig, mehrfach Schauer,
Höchsttemp. 2 bis 4 Grad, nachts leichter Frost.

Politik *Ost / West*

Willy Brandt, Präsident des Abgeordnetenhauses, leitet Offensive zur Überwindung der Spaltung Berlins ein. Behörden der DDR vervielfachen Autobahngebühren zw. Berlin und BRD (angebotene Verhandlungen sollen zur Anerkennung der DDR führen). Bundestag tagt in Berlin. Aufnahme diplomatischer Beziehungen nach Adenauer-Besuch in Moskau. Deutsche aus Gewahrsam d. UdSSR entlassen. Sowjetunion erklärt Kriegszustand mit Deutschland für beendet. Erste Jugendweihe in Ostberlin als Festakt. Mehr als 150 000 Menschen nach Westberlin geflüchtet.

West

Schlagzeilen
50 000 Berliner verreisen
Überfüllte Interzonenzüge – Autoschlangen in Marienborn
Berlins Wirtschaft sehr optimistisch
Lohnerhöhungen für Berliner Metallarbeiter

Anzeige
Tüchtige Haushälterin für amerikanischen Haushalt ges. Etwas englisch, Argentinische Allee 29 Zehlendorf, Tel. 84 50 46

Wunsch
Verloren
17. Dez. schw. Lackportemonnaie mit 96,20 DM Rente und Überbrückungsgeld in Reinickendorf, Hausotterstr. Habe alten Vater und 6jähr. Jungen. Bitte abgeben. Morgenpost, Residenzstr. 2

Kino
Ost
Die Grille
Frau meiner Träume

Theater
Ost
Deutsche Staatsoper *Tosca*
Kammerspiele *Sozialaristokraten*

Was noch
Ost
Zu Behrens zieht es jeden hin
Im Alten Ballhaus tanzt Berlin.

Zum Schmunzeln
Der Kreuzberger Bezirksbürgermeister Willy Kressmann (»Texas-Willy«) lud eigenmächtig drei Ostberliner Bezirksbürgermeister zur Aufnahme technischer Gespräche über die Wiederherstellung der die Sektorengrenze bildende Oberbaumbrücke ein (»Jemand muß doch den Anfang machen«). Presse und die SPD rügten sein Verhalten, und der Senat verhinderte derartige Gespräche mit dem Hinweis, daß Verhandlungen vom Senat und nicht von den Bezirken geführt werden.

Fernsehen
West
11.00 Uhr
Weihnachtsbescherung des Bundeskanzlers Dr. Adenauer für die Kinder des Katholischen Waisenhauses in Bonn
23.15 Uhr
Gottesdienst zur Heiligen Nacht

Erinnerung
Bereits im Herbst 1954 hatten wir beschlossen zu flüchten. Nach und nach haben wir Wäsche, Besteck, Fotoalben, Zeugnisse, Handwerkszeug zu meinem Schwager nach Kreuzberg geschafft. Es gab schon Kontrollen, wir zitterten immer, wenn wir mit der S-Bahn fuhren. Vor Weihnachten waren die Vopos besonders scharf. Aber wir haben es doch geschafft. Am 1. Weihnachtsfeiertag war unsere ganze Familie »drüben«. Der Anfang war schwer, und an manchen Tagen haben wir uns doch nach Haus und Garten in Kaulsdorf gesehnt.
Gertrud Sch., Berlin

1955

Ost

Schlagzeilen
Otto Grotewohl und Lothar Bolz in China
Bonn fürchtet Anerkennung der DDR

Anzeige
Angebote Konsum Berlin
Schlagzeuge in versch. Ausf. 500,– bis 1000,– M
Mundharmonika ab 1,05 M

Werbung
Warum denn die Folterqualen
Den Kaffee kann doch »Ulla« mahlen!
Sei nicht antik, schaff »Ulla« an
Du bekommst statt zwei, drei Tassen dann…
»Ulla« die elektrische Haushaltskaffeemühle
VEB Funkwerk Köpenick

Weihnachtswunsch
Mechaniker 39 / 180, schl., dkl., wünscht zw. bald. Heirat netten, hübschen Weihnachtsengel mit Wohnung, evt. mit Kind. Zuschr. 6287, N 58 Dimitroffstr. 18

MÖCHTEN SIE MEHR FREIZEIT HABEN?

Mehr Zeit für Ihre Familie, für ein Hobby, für die berufliche Weiterbildung? Aber bitte sehr, es liegt nur an Ihnen!

Haben Sie schon einmal ausgerechnet, wieviel Zeit eine Frau bei der Hausarbeit zubringt?

Überall sehen wir heute den Siegeszug der modernen Technik; nur im Haushalt, in der Küche arbeiten wir immer noch mit Geräten, nach Methoden, die aus allergrauester Vorzeit stammen. Wissen Sie, daß es viele praktische, raffinierte, moderne und preiswerte Haushaltgeräte gibt, die Ihnen das Leben leichter machen wollen, die für Ihre Gesundheit und sogar für Ihre Schönheit sorgen?

Nutzen Sie die Werbeaktion „Technik im Haushalt" vom 21. 4. bis 6. 5. 1961. Gehen Sie in die Fachgeschäfte, probieren, studieren, braten, backen und kosten Sie – und bald werden auch Sie sagen: Warum anstrengen –

LASS DIE TECHNIK
FÜR DICH ARBEITEN!

Wetter *Ost / West*
Auffr. Winde aus Südost, stark bewölkt, etwas Niederschlag, teils als Regen mit Glättebildung, Temperaturanstieg über den Gefrierpunkt.

Großer Andrang auf dem Ostberliner Weihnachtsmarkt. Ein Erlebnis nicht nur für Ostberliner, sondern auch für Familien aus allen Teilen der DDR, die den Besuch des Weihnachtsmarktes mit einem Einkaufsbummel für das Fest verbanden.

Geschenkebasteln auf dem Weihnachtsmarkt 1969. Kinder konnten kleine Geschenke wie Ketten, Spielzeug und Holzarbeiten herstellen.

Ein Malbuch für Kinder von 6 Jahren an

Weihnachtsmarkt in Ostberlin

Ein Besuch des Weihnachtsmarktes gehörte für Tausende von DDR-Bürgern zum Fest wie Gänsebraten und Tannenbaum. Der Markt, zunächst im Lustgarten, auf dem Marx-Engel-Platz und dann am Alex, übte mit seinen Verkaufsständen, Kinderbelustigungen und Imbißbuden eine große Anziehungskraft auf die Familien aus. Noch heute sind die Erinnerungen lebendig: Man konnte Geschenke kaufen, die sonst nur als »Bückware« zu bekommen waren, Essen und Trinken war gut und billig, den Kindern konnte jeder Wunsch – manchmal mit längerer Wartezeit – erfüllt werden. Rundum – ein Besuch lohnte immer.

Die Behörden gaben sich im Rahmen ihrer Möglichkeiten alle Mühe, den Weihnachtmarkt lebendig und attraktiv zu gestalten.

Der Magistrat beschloß am 12.11.1954:
»Der Weihnachtsmarkt auf dem Marx-Engels-Platz soll in diesem Jahr nicht nur ökonomisch, sondern auch kulturell ein bedeutend höheres Niveau erhalten. Unter Beachtung und Pflege von Berliner Traditionen sollen Turmblasen und -singen, Adventsspiele, Singen von Weihnachtsliedern, Puppentheater usw. durchgeführt werden.
Weiterhin wird in einem großen Veranstaltungszelt mit einem Fassungsvermögen von ca. 1500 Personen auf dem Marx-Engels-Platz die Berliner Gemütlichkeit zu ihrem Recht kommen.«
(LA C Rep 100-05 Nr. 0941)

Bei der Eröffnung des Marktes sprach der jeweilige Oberbürgermeister von den Erfolgen des letzten Jahres und kündigte meist Verbesserungen der wirtschaftlichen Lage an, verbunden mit einer politischen Botschaft.
Ansprache des Oberbürgermeisters Herbert Fechner am 25.11.1972 zur Eröffnung des Berliner Weihnachtsmarktes:

»Liebe Berlinerinnen und Berliner!
Liebe Jungen und Mädel!
Die Eröffnung des traditionellen Berliner Weihnachtsmarktes ist stets ein untrüglicher Vorbote des nahenden Weihnachtsfestes.
Seit langen Jahren findet er erstmals wieder auf dem Marx-Engels-Platz statt. Wir hoffen sehr, daß der Magistrat damit den Wünschen vieler Berliner entsprochen hat. (...)
Die Achterbahn und viele andere beliebte Attraktionen erwarten euch Kinder. An 130 Verkaufsständen können Sie ihren Appetit stillen und noch dies und das für den Weihnachtstisch erwerben. (...)
Der Schöpferkraft unserer Werktätigen haben wir es zu danken, daß auch in diesem Jahr unser Weihnachtstisch wieder reichlich gedeckt werden kann, daß wir ein gutes Weihnachtsfest haben werden. Dabei erfüllt es uns sicher alle mit Freude, daß es uns durch unsere gemeinsame Arbeit, durch die Kraft und Stärke der Sowjetunion und aller sozialistischen Staaten gelungen ist, den Frieden für Europa und damit für uns alle sicherer zu machen. (...)
Ich eröffne den Weihnachtsmarkt 1972 und wünsche Ihnen und Ihren Kindern einen angenehmen Aufenthalt.«
(LA C Rep.101 Nr. 2304)

Auch in Westberlin nahm man, teils in hämischer, teils in sachlicher Form vom Weihnachtsmarkt Kenntnis.
Nachdem vom Lichterglanz auf dem Kurfürstendamm und den übervollen Kaufhäusern im Westen geschwärmt wurde, heißt es am 18.12.1950 in der »Nachtdepesche«:
»Hinter der Sektorengrenze brach der Lichterglanz ab, und in den Straßen war nur wenig weihnachtliche Stimmung zu spüren.
Auf dem Weihnachtsmarkt am Lustgarten hatte die Nationale Front ein Aufklärungslokal eingerichtet, in dem die Besucher des Weihnachtsmarktes das Neueste der kommunistischen Friedenspropaganda vorgesetzt bekamen.«

27 Jahre später berichtet die »Berliner Morgenpost« (1.12.1977)
»Weihnachtsmarkt in Ost-Berlin: Es duftet nach Wildschweinbraten und Zuckerwatte, Grog und Schmalzgebackenem. Und mitteldeutsche Dialekte vom weichen Sächsisch bis zum harten mecklenburgischen Tonfall verraten, daß der Ostberliner Weihnachtsmarkt Besucher von weither anzieht.«

Gab es Passierscheine, so verbanden auch viele Westberliner einen Verwandtenbesuch mit einem Bummel über den Weihnachtsmarkt. Aus dem Bericht der Berliner Morgenpost vom 9.12.1986:

»Der Besucher aus dem Westen kann beim besten Willen seinen Zwangsumtausch hier nicht ausgeben. Kostet doch ein Kilogramm kandierter Äpfel nur 3,80 Mark. Fünf Schuß am Schießstand sind für eine Mark zu haben. Zum Glück gibt es eine Ausweichmöglichkeit: Das vierstökkige »Centrum«-Warenhaus hat bis 18 Uhr geöffnet.«

Erinnerungen
Wir gingen 1986 mit unseren Kindern über den Weihnachtsmarkt am Alex. Großes Erstaunen: Statt der bei uns üblichen »Curry«-Wurst und Boulette gab es hier »Kettwurst« und »Grillette«. Die Kettwurst wurde im Bräter vorgewärmt, dann in eine Schüssel mit Senf und Tomatensoße getunkt. Die so präparierte Wurst kam in das aufgeschnittene Brötchen, so daß die Soßen außen am Brötchen entlangliefen. Wer beim Essen ungeschickt hantierte, lief danach »bekleckert« herum.

Hannelore F., Berlin

Wir gehörten ja zu »Inneres« und mußten mit einer Armbinde als freundliche »Kontrolleure« auf dem Weihnachtsmarkt für »Zucht und Ordnung« sorgen. Es sollten hier keine Besoffenen zu sehen sein, das fanden wir auch richtig. Aber die Anordnung, keine jungen Leute einzulassen, die Parkas mit dem schwarz-rot-goldenen Aufnäher am Ärmel trugen, fanden wir doch albern. Wir sahen einfach weg.

Barbara S., Berlin

links

In schwierigen politischen Zeiten bot der Weihnachtsmarkt – hier 1962 auf dem Marx-Engels-Platz – für ein paar Stunden Abwechslung vom Alltag und für die Kinder Vorfreude auf das Fest.

unten

Der Koch schwenkt die Pfanne! Witzige Reklame an einem Kartoffelpufferstand auf dem Weihnachtsmarkt 1962.

Berlin
vom 23. November bis 19. Dezember
zwischen Alex und Jannowitzbrücke

Weihnachtsmann
und Weihnachtskalender: für jeden Tag ein Fenster

Altberliner Markt
mit bunten Giebelhäusern; Meißner Glockenspiel
Turmblasen und Platzkonzerte, 15 000 Kiefern

und der Märchenwald:
Hänsel und Gretel, Die Bremer Stadtmusikanten,
Froschkönig,
Schneeweißchen und Rosenrot und Dornröschen

Die Fernsehlieblinge
Pittiplatsch und Bummi, Schnatterinchen,
Herr Fuchs und Frau Elster,
Flax und Krümel und Tadeus Punkt

Karussells
und Riesenrad, Kosmodrom und Achterbahn
Reitbahn und Losbuden
Bastelstraße und Solidaritätszentrum

123 hölzerne Verkaufshäuschen
Töpfer- und Spielwaren, Schallplatten und Radios
Bücher und Trikotagen
gebrannte Mandeln und Kartoffelpuffer

Spezialitäten
aus der Sowjetunion, Ungarn, Polen, Bulgarien
und Rumänien
Broiler und Bockwurst, Grog und Glühwein
Zuckerwatte und kandierte Äpfel
Freude, Frohsinn,

Freßlust
und Menschen, Menschen, Menschen
männliche, weibliche – und vor allem

kindliche

oben
Weihnachtliches Gedränge zwischen Angeboten von Glühwein, Bockwurst und Geschenken für das Fest. (Dezember 1964)

unten
Spruchband am ehemaligen Marstall in Berlin Mitte: »Westberlin wird entmilitarisierte freie Stadt« – Szene auf dem Weihnachtsmarkt in Berlin Mitte im Dezember 1961.

Politik *Ost / West*

Strauß Verteidigungsminister, KPD-Verbot in der BRD, DDR verabschiedet 12monatiges Wehrpflichtgesetz. Chruschtschow kritisiert scharf den Persönlichkeitskult der Stalinära, Entstalinisierung beginnt. Der einmillionste Flüchtling trifft im Notaufnahmelager Marienfelde ein.
300 Meter langer Spionagetunnel in Ostberlin entdeckt. Tod Brechts.

Kino
West
Susi und Strolch
Du bist Musik (mit Caterina Valente)

Theater
West
Städt. Oper *Hänsel und Gretel*
Schloßpark-Theater
Das Tagebuch der Anne Frank

Was noch
Ost
Heinz Quermann spielt am 25.12. um 11 Uhr im Friedrichstadtpalast im Namen des Deutschlandsenders »Schlagertrümpfe 1956« aus.

West
Kerzenabende
»Ball der einsamen Herzen«
Hasenheide am Resi
Mo. 16 Uhr Hausfrauen-Treffen
Ende? Eintritt frei!

Fernsehen
Ost
11.00 Uhr Schlagertrümpfe 1956
19.00 Uhr Rund um die Welt

West
12.30 Uhr Weihnachtsbescherung für Waisenkinder durch Bundeskanzler Adenauer
18.00 Uhr Die Hochzeit des Figaro

West

Schlagzeilen
Eine Ankündigung Adenauers: Wiedervereinigung soll von der UNO kommen
Die freie Welt muß sich zusammenschließen
Leidenschaftlicher Weihnachtsappell des Papstes

Anzeige
Phantastische Terrassenwohnung, 2 große Zimmer, Einbauschränke, lux. Einbauküche mit Kühlschrank, Miete 320,– DM, Baukostenzuschuß 2000,– DM, Neubau, Berliner Str. 99, Tel. 34 36 78

Wunsch
Ruinengrundstück nahe Potsdamer Platz gesucht.
Preisangebote CR 2924, Der Tagesspiegel Berlin W 35

Berliner Sport zu Weihnachten
Fußball: Freundschaftsspiel Hertha BSC – Allemania 90 (Gesundbrunnen)
Eissport: Kunstlaufen mit Meister Schnelldorfer und Berliner Spitzenklasse – 17 Uhr Eisstadion Neukölln

Erinnerung *West*
Mein Mann war oft arbeitslos, im Sommer war er als Gartenarbeiter auf dem Kreuzberg beschäftigt, im Winter ohne Arbeit, und das bedeutete wenig Geld für eine vielköpfige Familie. Da mußte man sehen, wo etwas billig war. Haarschneiden war im Ostsektor billiger, wir nahmen auch gute Seife mit zu unseren Verwandten im Osten und bekamen dafür selbstgebackenen Kuchen und Gemüse aus dem Garten. Auch das Konfirmationskleid für meine Tochter wurde im Osten gegen Lieferung von zwei Fahrradschläuchen genäht.
Hildegard S., Berlin

1956

Schlagzeilen
Nationales Aufbauwerk ein Erfolg. Ziel 1957: Vordringlich Wohnungsbau
Präsident Wilhelm Pieck bereitete 150 Kindern auf seinem Amtssitz eine Weihnachtsfreude

Für die Haufrau
Angebot an Gemüse: Porree, Sellerie, Möhren, Rote Beete, Petersilie, Rot- und Weißkohl ausreichend.
An Obst: Äpfel, Zitronen ausreichend, Apfelsinen nicht ausreichend.

Anzeige
Angebot: Bratpfannen mit Deckel für den Gänsebraten, 42 cm 28,50 DM, HO Wirtschaftswaren Liebknechtstr. 52

Wetter *Ost / West*
Ruhiges, meist trübes, teils nebliges Wetter, tagsüber 3-5 Grad, nachts leichter Frost. (Am 28. 12. erfreute heftiger Schneefall die Berliner Kinder. Rodeln auf dem Friedrichshain und anderswo.)

Zum Bummel über den Weihnachtsmarkt gehörte immer eine heiße Wurst aus dem Kessel. (Dezember 1955)

Weihnachtliche Stimmung im Hansaviertel. Tannenbäume vor der Kaiser-Friedrich-Gedächtniskirche im Dezember 1956, im Hintergrund der Neubau des 17-stöckigen Appartementhochhauses der Architekten Müller-Rehm und Siegmann.

Politik *Ost / West*
»Unerlaubtes Verlassen der DDR und Ost-Berlins« wird unter Strafe gestellt, »Republikflüchtigen« droht Gefängnisstrafe. DDR verabschiedet neues Paßgesetz. Ostberlin feiert »Tag der Nationalen Volksarmee«. Nach Suhrs Tod wird Willy Brandt Reg. Bürgermeister. Chruschtschow in Ostberlin. 13. Okt.: DDR kündigt überraschend an, daß ein großer Teil der Ostmarkbanknoten ihre Gültigkeit verlieren, was vor allem gegen Berliner Wechselstuben gerichtet ist. Der Verlust beträgt 40 Millionen Westmark.

Kino
Ost
Das Fenster zum Lunapark
Hauptmann von Köpenick

Theater
Ost
Deutsche Staatsoper *Fidelio*
Volksbühne *10 Tage, die die Welt erschütterten*

Was noch
Ost
Rundfunkkommentator Nationalpreisträger Karl Eduard von Schnitzler gibt am 27. Dezember im Marmorsaal im Zentralen Haus der Deutsch-Sowjetischen Freundschaft einen Überblick »Zur internationalen Lage am Jahresende«.
Deutsche Sporthalle Stalinallee: Kurt Henkels – Weihnacht in Berlin

West
Weihnachtsmarkt im
Ev. Johannesstift in Spandau

West

Schlagzeilen
Preiserhöhung endgültig beschlossen, Brot um 8, Gas um 3 Pfennige teurer
Sonntags wieder Frischmilch
Berlin braucht Bundeshilfe
Willy Brandt erinnert an alliierte Berlin-Erklärung
Weihnachtsreisen stark eingeschränkt. Interzonenzüge kaum zur Hälfte besetzt

Meldung
Teurer als im Vorjahr
Die ersten der 450 000 bestellten Weihnachtsbäume aus Dänemark treffen ein, teurer durch gestiegene Einkaufspreise und Lohnerhöhungen.

Preise
Für den festlichen Tisch:
Gekochter Schinken 125 g für 0,93 DM
Holländ. Hühner 500 g für 2,30 DM

Bayerisches Reisebüro Charlottenburg, Kantstraße
Winterreisen:
16-Tage-Fahrt und Teilpension Fichtelgebirge ab 91,– DM
Garmisch ab 126,– DM

Anzeige
Ihre Weihnachtseinkäufe leicht gemacht:
Auch Ihre 3. Rate Hausratshilfe Lastenausgleich nehme ich ab sofort in Zahlung.
Benutzen Sie mein äußerst kulantes Teilzahlungssystem!
Nur $^1/_5$ Anzahlung!
Damen- und Herrenmäntel, Anzüge, Gardinen, Bettwäsche
Max Knaak

Erinnerung *Ost*
In manchen Familien, die teils in Ost-, teils in Westberlin wohnten, gab es heftige Auseinandersetzungen, die auch zum jahrelangen Bruch führten. Im Westen gab es für verlorenen Besitz in Pommern und Schlesien Lastenausgleich, im Osten nicht.
Gerhard L., Potsdam

1957

Ost

Schlagzeilen
2000 Republikflüchtlinge kehrten zurück. Aussagen: Wir haben unsere Flucht bereut und wollen wieder in der Heimat einer gesicherten und friedlichen Arbeit nachgehen.
Teilzahlungsverfahren wird zentralisiert – Der Weg zur neuen Couch wird einfacher.
Gebot der Stunde: Atomwaffenfreie Zone

Meldung
Sputnik II wird am 29. Dezember wieder über Berlin fliegen. Bis dahin wird er seine 787. Runde vollendet haben, während Sputnik I zur gleichen Zeit zum 1303. Mal um die Erde gekreist sein wird.

Kinder
In Kinder- und Jugendzeitschriften finden sich zur Weihnachtszeit immer Glückwünsche, die Kinder zum Geburtstag von Wilhelm Pieck (3. Januar) geschrieben haben.
Lieber Wilhelm Pieck,
Du mußt viel arbeiten, damit wir gut leben und im Kindergarten spielen können.
Dafür wollen wir Dir danken. Wir schicken Dir unsere besten Klebearbeiten. Gerne hätten wir Dir noch ein Lied gesungen, aber im Brief hörst Du es ja nicht. Wir versprechen Dir, immer artig zu sein.
(Der Junge Pionier, 17. 12. 1957)

Anzeigen
Rodelschlitten 16,15 bis 76,40 M
Kinder-Ski 60–240 cm, 54,– bis 166,40 M

nachfolgende Seiten
Willy Kressmann, populärer, jedoch umstrittener Bezirksbürgermeister von Kreuzberg, verteilt vor Weihnachten 1957 Pakete an Ostberliner Bürger.

Wetter *Ost / West*
Bedeckt, vielfach Niederschläge, Temp. wenig über Null, nachts leichter Frost.

Politik *Ost / West*
Chruschtschow verlangt ultimativ die Umwandlung des Status von Berlin in den einer »Freien Stadt«. 20 793 neugebaute Wohnungen in Westberlin, 230 000 seit 1949 (9452 in Ostberlin). DDR schafft Lebensmittelkarten ab. NATO-Mächte bekräftigen Berlin-Garantie. Abgeordnetenwahl in Westberlin. DDR erhebt Wasserstraßenbenutzungsgebühr. In Ostberlin 5. Parteitag der SED, Forderung nach Beendigung der »Frontstadtpolitik Westberlins« und nach »Normalisierung der Beziehungen zwischen der DDR und Westberlin«.

Kino
West
In 80 Tagen um die Welt
Piefke, der Schrecken der Kompanie

Theater
West
Schloßpark-Theater
Die Dreigroschenoper
Haus Carow *Das größte Kabarett Berlins*

Was noch
Ost
Städt. Berliner Sinfonieorchester in der Deutschen Staatsoper
Weihnachtsoratorium (Kantante I-III) von Johann Sebastian Bach

Die Feier zum 40. Gründungstag der KPD findet in der Deutschen Sporthalle in der Stalinallee statt. Karten noch kostenlos erhältlich.

West
Berliner Philharmonisches Orchester
Dirigent: Herbert von Karajan
Solist Hermann Prey
Werke von Strawinsky und Bruckner

West

Schlagzeilen
Die Weihnachtsbotschaft Brandts – Berlin grüßt die Deutschen jenseits des Brandenburger Tores
Schnelle Hilfe für Berlins Wirtschaft
Nato: Wir schützen Berlin
Im Pariser Ring: Bedrängter Bubi Scholz wird Punktsieger

Meldung
Bekenntnis zu Berlin
Mit dem Verkauf der Abzeichen mit dem Brandenburger Tor eröffnete das Land Hessen die vom Unteilbares Deutschland veranstaltete Berlin-Aktion »Macht das Tor auf!«

Allerlei für geschickte Hände

Zum Pioniergeburtstag

Am 13. Dezember sollen Millionen Lichter in unseren Fenstern leuchten. Alle Leute werden fragen: „Nanu, was ist denn heute los?" Darum greift gleich morgen jeder Pionier zu Schere, Pappe, buntem Papier und Leim und bastelt seinen Geburtstagsschmuck.

Hier schlagen wir euch einige leicht zu bastelnde Laternen vor. Ihr könnt auch andere Bildmotive wählen. Wie die Muster auf den Laternen entstehen, erkennt ihr auf den Zeichnungen.

Als Material eignet sich Zeichenkarton. Der Streifen für eine Laterne ist etwa 30 cm breit und 10 cm hoch. Wenn ihr die quadratische Laterne faltet, ist eine Seite 7 cm breit. Es bleibt dann noch ein Rand zum Zusammenkleben. Auch unten müßt ihr einen Kleberand stehen lassen! Für die sechseckige Laterne faltet ihr den Streifen sechsmal, eine Seite ist 4,5 cm breit. Wenn ihr die Muster eingeschnitten habt, beklebt ihr die Innenseiten mit andersfarbigem, durchscheinendem Papier.

Auch mit Stehtransparenten – z. B. mit dem Pionierabzeichen verziert –, mit Fähnchen, Kerzenleuchter und bunten Glühbirnen könnt ihr die Fenster schmücken. Nirgends aber darf unser Pionierabzeichen oder das Bildnis Ernst Thälmanns fehlen.

Erinnerungen *West*

Zu Weihnachten haben wir auch immer Kerzen ins Fenster gestellt. Erst in Erinnerung und Hoffnung an die noch nicht zurückgekehrten Soldaten, später als Gruß und Gedenken an die Bewohner der Sowjetzonen. Die Kerzen waren grün und wurden auch über Verbände verteilt.

Hanna A., Berlin

Mein Schwager arbeitete in einem DDR-Betrieb, in dem Emailletöpfe hergestellt wurden. So erhielten wir jedes Jahr zum Fest einen Topf, mal größer, mal kleiner, mal flach, mal hoch. Als wir dann vorsichtig signalisierten, wir hätten jetzt ausreichend Töpfe, war man darüber sehr erstaunt. Diese Töpfe waren in den ersten Nachkriegsjahren in der DDR sehr gefragt und schwer zu bekommen. Deshalb war man drüben sehr erstaunt, daß wir den Wert dieser Gegenstände nicht richtig zu würdigen wußten.

Hella D., Berlin

1958

Ost

Schlagzeilen
Nationalpreisträger Lion Feuchtwanger verstorben
DDR und Polen arbeiten eng zusammen

Anzeige
Der Konsum deckt den Gabentisch
Boxkameras ab 16,50 M
Spiegelreflexkameras ab 155,– M
Sport
Heckmotor Bulay 1625,– M
Außenbordmotor Tümmler 656,40 M

Weihnachtswunsch
Berliner 34/163, Eigenheim, Obstgarten, sucht gebildete Ehepartnerin. Anz. Hölzer 0112 Am S-Bahnhof Stalinallee

Kinder
Im Sporthaus des Pionierparks »Ernst Thälmann« werden zu Weihnachten Kinderfilme, u.a. »Der Weihnachtsmann als Briefträger«, gezeigt.

nachfolgende Seiten
Weihnachtsbäume auf beiden Seiten
der Sperre in Berlin-Hermsdorf 1958.

Seiten 62/63
Ein beleuchteter Weihnachtsbaum vor
dem Anhalter Bahnhof mahnt die Ber-
liner: Letzter S-Bahnhof im Westsektor.

Wetter *Ost / West*
Auffr. Winde, Höchsttemp. über 5 Grad, nachts um 2 Grad.

Politik *Ost / West*
Willy Brandt bildet als Reg. Bürgermeister von Berlin SPD-CDU-Regierung, Bundesversammlung wählt in Berlin H. Lübke zum Bundespräsidenten. Vollbeschäftigung in der BRD: weniger Arbeitslose als offene Stellen. DDR fügt in die schwarz-rot-goldene Flagge Hammer und Zirkel ein. Chruschtschow besucht wieder Ostberlin und unterstreicht die Forderung nach »Liquidierung des Besatzungsregimes in West-Berlin«. Eisenhower gibt in Bonn »Berlin-Garantie«.

West

Schlagzeilen
Laßt die Berliner entscheiden! Brandt schlägt Volksabstimmung vor
Westberlin gehört zur Bundesrepublik
Persien hat wieder eine Kaiserin (Farah Diba)

Kino
Ost
Das Mädchen Rosemarie
Wirtshaus im Spessart

Theater
Ost
Kammerspiele *Prof. Mamlock*
Berliner Ensemble *Leben des Galilei*

Fernsehen
Ost
12.30 Uhr Weihnachten bei den jungen Pionieren
19.15 Uhr Moskau im Schnee

West
16.00 Uhr Zur Krippe kommt her
20.05 Uhr Der Barbier von Sevilla

Was noch
West
Sportpalast: 1. u. 2. Weihnachtsfeiertag, Weihnachts-Star-Parade mit Hans Albers, Lys Assia, Günter Keil u.a.
Kapelle Kurt Drabek

Anzeige
ARWA Strümpfe gefragt!
Wir suchen Mitarbeiter: 50 Frauen zum Anlernen als Näherin
Saubere Arbeitsplätze, gute Bezahlung, angenehmes Betriebsklima
ARWA-Strumpf GmbH, Berlin-Tempelhof

Wünsche
Obsthändler (Ambulant) 45 J., 162, gesch., sucht Frau aus Branche, 35 J., mit Wohnung oder Einheirat CR 189 Berl. Morgenpost

Meldungen
Am Brandenburger Tor, westliche Seite, wurde jetzt eine neue Telefonzelle als Brücke zwischen Ost und West aufgestellt. Menschen, die aus dem sowj. Sektor kommen, können hier mit Freunden und Bekannten aus dem Westen Verbindung aufnehmen ohne Gefahr, von Spitzeln abgehört zu werden.

Kleine Geschenke für Verkehrsposten erlaubt
Die Verkehrsposten der Polizei dürfen auch in diesem Jahr zu Weihnachten und zum Jahresende kleine Aufmerksamkeiten annehmen. Diese Entscheidung traf jetzt Senator Lipschitz. Die Beamten müssen jedoch die Geschenke auf dem Revier verteilen. Größere Aufmerksamkeiten, Gutscheine oder Geld müssen zurückgewiesen werden.

Erinnerung *West*

Ende der 50er Jahre sind wir dann das erste Mal zu Weihnachten verreist. Wir haben sogar meine Mutter, die im Erzgebirge wohnte, mitgenommen. Sie hat in ihrem Dorf erzählt, daß sie Weihnachten bei ihrer Tochter in Potsdam verbringen wird, ist dann aber zu uns nach Charlottenburg gekommen. Wir haben sie zum Flughafen Tempelhof gebracht, von Hannover abgeholt und ein paar Tage gemeinsam im Fichtelgebirge verbracht. Für uns ein unvergeßliches Erlebnis, nur durfte meine Mutter dann zu Hause nichts erzählen, denn unser »Ausflug« war ja offiziell verboten. *Karin P., Berlin*

1959

Ost

Schlagzeilen
Siebenjahresplan der Viehwirtschaft vorgelegt
Aus der Rede N. S. Chruschtschows vor dem Plenum des Zentralkomitees der KPdSU

Wünsche
Leserbrief: Nach der Preissenkung für Schlachtfette ist in den Läden nur noch selten Bratenschmalz im Angebot. Könnte man nicht dem Wunsch der Berliner, die gerne eine richtige Schmalzstulle essen, nach einem ausreichenden Angebot nachkommen?

Kinder
»Nicht einmal, mehrfach, viermal, fünfmal und darüber feiern Kinder Weihnachten: zweimal im Betrieb (Vater u n d Mutter), je einmal in der Schule, bei den Pionieren, im Sportclub, als Gast des Kleingartenverbandes. Geht es nicht anders? Auf jeden Fall ist weniger besser«.
(aus: Elternhaus und Schule, Nr. 11/12, 1959)

Wetter *Ost / West*
Bis 10 Grad warm, keine Aussichten auf weiße Weihnachten.

Politik *Ost / West*

Handelsabkommen zw. UdSSR und BRD unter Einbeziehung Westberlins. DDR kollektiviert Landwirtschaft – Folge: landwirtschaftliche Produktionskrise und Bauernflucht. DDR führt Passierscheine für Ostberlin-Besucher aus der BRD ein. Westberliner passieren weiterhin mit dem Personalausweis. 199 188 registrierte Flüchtlinge (48 % unter 25 Jahren) verlassen die DDR.

Kino
West
Das Spukschloß im Spessart
Die junge Sünderin

Theater
West
Theater am Kurfürstendamm
Die Eingeschlossenen
Schiller-Theater-Werkstatt
Das letzte Band

Fernsehen
Ost
17.00 Uhr Rotkäppchen, Neufassung des alten Volksmärchens v. Jewgeni Schwarz
22.45 Uhr Weihnachtsoratorium – Übertragung aus der Thomaskirche Leipzig

West
14.00 Uhr Kai aus der Kiste
20.50 Uhr Dresdener Kreuzchor singt Weihnachtslieder

Was noch
Ost
Der Tierpark ist am 24. 12. bis 15 Uhr und am 25. und 26. 12. von 8 Uhr bis Einbruch der Dunkelheit geöffnet.

West

Schlagzeilen
Senatsbeschluß gegen Geschenkunwesen – Verschärfung der Bedingungen für öffentliche Aufträge
Berlin hat die Kinderlähmung abgewehrt – Schluckimpfung hatte großen Erfolg

Anzeige
Viel Auto fürs Geld
Taunus 12 M
DM 5395,– a.W.
Die Welt vertraut FORD

Preise
Holl. Frühmastenten 500 g 1,65 DM
Apfelsinen, 7 Stück –,95 DM

Anzeigen
Für Halbtagsbeschäftigung für 250,– DM Monatslohn wird junges, freundliches Hausmädchen für Kurfürstendamm-Wohnung gesucht. TG 1011, Der Tagesspiegel, -Berlin W 30

Erinnerung *West*
Wir wohnten in Lichterfelde in der Nähe der McNair-Kaserne. Die Amis richteten zu Weihnachten oft Weihnachtsfeiern für Kinderheime aus. Der amerikanische Santa Claus kam nicht zu Fuß oder mit dem Schlitten, sondern mit einem Hubschrauber. Ein Spaß für uns Kinder.
Carsten H., Berlin

1960

Ost

Schlagzeilen
Erfolgreicher Probelauf der 100 MW-Turbine
Für 10 Millionen neue Wohnungen
Die DDR und China sind freundschaftlich verbunden

Anzeige
HO-Warenhaus am Alex
Rundfunkgerät »Diamant III« mit Plattenspieler, 8 Röhren, 6.9 Kreise, Wechselstrom 750,- M

Wünsche
Beschädigter (Arm-Amp.), vom Schicksal schwer geprüft, 40/190, schlank, sucht eine liebe Frau, Dewag Berlin C 2

Kinder
Das Kind des Kindes ist die Puppe! Das pädagogisch wertvolle Spielzeug für kleine Mädchen. Schenkt nicht »irgend etwas«, schenkt »Sonni-Hartplasticpuppe« aus dem Thüringer Spielzeugland.

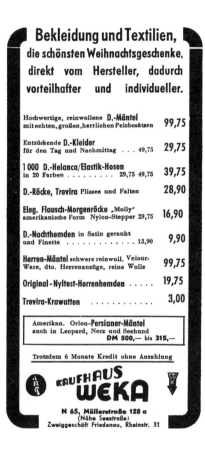

Wetter *Ost / West*
Stark bewölkt, kaum Niederschläge, tags +3 Grad, nachts bis −2 Grad.

Die Mauer und das Weihnachtsfest 1961

Im Juli verlassen 30 444 Einw. fluchtartig die DDR, in einer Woche kommen 8000 nach Westberlin (an einem Tag 2000), bis Sept. insgesamt 195 828, darunter 49 % unter 25 Jahren. Am 13. August errichtet die DDR mit Billigung der Staaten des Warschauer Paktes die Mauer zwischen Ost- und Westberlin, der Verkehr zw. beiden Teilen kommt fast völlig zum Erliegen. Zweck: Schutz der Staatsgrenze gegen westl. Aggression, zur »Verhinderung eines westl. Überfalls«.
In der Zeit vom 13. bis 31. August waren die Grenzsperren noch »löchrig«, ca. 25 000 Flüchtlinge gelangten nach Westberlin, von Anfang September bis Dezember 1961 nur noch 2400. Jetzt war die Grenze »dicht«.
Von Seiten Westberlins folgten als Gegenreaktionen Sprengstoffanschläge, Gründung von Fluchthilfegruppen und Bau von Fluchttunneln. Der Senat richtete das »Studio am Stacheldraht« ein, Lautsprecheransagen informierten über die Situation und appellierten an die jungen Grenzsoldaten, nicht gezielt auf Flüchtende zu schießen.
Die Westmächte protestierten gegen Zwangsräumung der Grenzzone und Schießbefehl, Vize-Präsident Johnson und eine Kampfgruppe aus den USA werden in Westberlin jubelnd begrüßt.
Brandt bittet Kennedy schriftlich um politische Maßnahmen, Westberlin boykottiert die von Ostberlin betriebene S-Bahn, die der DDR Westgeld-Einnahmen bringt.
Lucius Clay wird zum Sonderbeauftragten des US-Präsidenten in Berlin ernannt.
Im Schatten der Mauer geht das Leben in Westberlin ungebrochen weiter: Funk- und Industrieausstellung, Berliner Festwochen etc.
Erklärung aller Parteien im Bundestag, Forderung: Friedensvertrag für Gesamtdeutschland.
Adenauer zum 4. Mal gewählt, Arbeitsgesetzbuch der DDR schränkt Rechte der Arbeiter entscheidend ein (kein Streik- und Koalitionsrecht). Bundesregierung stellt für Berlin außerhalb des Bundeszuschusses 500 Mill. DM zur Verfügung.
In diesem Jahr finden weder Kontakte auf höherer Ebene noch ein Meinungsaustausch über die Verbesserung der Lage der Bevölkerung statt. Bemühungen der Evangelischen Kirchen und des Internationalen Roten Kreuzes, zu Weihnachten 1961 durch die Ausstellung von Passierscheinen, gegenseitige Besuche der Berliner möglich zu machen, werden mit gegenseitigen Beschimpfungen und Verunglimpfungen unmöglich gemacht. Nur kleinere technische Probleme werden gelöst: Der Strom für das sowjetische Ehrenmal im Tiergarten wird von der Bewag (West) geliefert, während die Bewag (Ost) den Fahrstrom für die S-Bahn liefert.
Nach offiziellen Angaben starben von 1961 bis 1989 80 Flüchtlinge, 60 davon durch Schußwaffengebrauch, die Zahl der Verletzten betrug 118.

Erinnerungen
Alles anders
Schon vor dem 13. August war die Stimmung in Ostberlin sehr eigentümlich. Man spürte, es wird etwas passieren. Die Lage war durch die vielen Menschen, die flüchteten, sehr bedrohlich. Aber niemand konnte sich vorstellen, daß eine halbe Stadt eingemauert und eingezäunt werden könnte. Und dann war alles plötzlich so anders.
Kerstin W., Berlin

Auf die Amis gehofft
In Westberlin fürchteten viele Menschen, von den Russen einfach überrannt zu werden. Die Hoffnung waren die Amerikaner. Sie hatten uns während der Blockade nicht im Stich gelassen und würden auch jetzt die Freiheit der Stadt verteidigen. Ziemlich sauer waren alle, daß Adenauer nicht gleich nach Berlin kam, sondern erst viel später, ich glaube zu Weihnachten.

Martin G., Berlin

Unfaßbar
Der Mauerbau war für die meisten Menschen unfaßbar. Die S-Bahn fuhr nur noch bis Friedrichstraße, das Brandenburger Tor gesperrt. Viele Menschen sind noch durch Laubengelände oder über Friedhöfe geflüchtet. Es wurde ganz still in Berlin, besonders im Winter und zu Weihnachten.

Christa Sch., Berlin

Der Koffer blieb unbenutzt
Meine Verwandten hatten mich eingeladen, meinen Urlaub bei ihnen in Tempelhof zu verbringen. Ich war schon ganz aufgeregt, Mitte August wollte ich nach Berlin fahren und hatte mir eigens einen kleinen Koffer gekauft. Am Abend des 13. August hörten wir im Radio, daß es nicht mehr möglich war. Ich war unendlich traurig.

Ilse Sch., Genthin

Die Mauer veränderte mein Leben
Den Bau der Mauer erlebte ich bei der Rückkehr aus einem Urlaub. Alle fürchteten, daß sie nicht mehr nach Berlin kommen konnten. Der Besuch meines Freundes aus Dresden konnte nicht mehr stattfinden, wir wollten zusammen Urlaub machen. Die Mauer hat mein Leben total verändert.

Eva F., Berlin

Unendlich traurig
Weihnachten 1961 – alle Menschen feierten das Fest, und ich schlich unendlich traurig durch die Straßen, ein Fest ohne meine Angehörigen, die nur wenige Straßen weiter wohnten, war für mich unendlich traurig.

Christa B., Berlin

Weihnachten ohne Vati
Mein Vater »diente« damals im Grundwehrdienst der NVA, alle Soldaten hatten strenge Ausgangssperre.

Carolin W., Berlin

Das traurigste Weihnachtsfest: 1961
In dem Altersheim in Zehlendorf, in dem ich arbeitete, kam zu Weihnachten 1961 keine weihnachtliche Stimmung auf. Das erste Mal waren die alten Damen von vielen ihrer Angehörigen – Töchter, Söhne, Enkelkinder – abgeschnitten. Jahrelang hatte man zusammengehalten, oft alles, ja die letzte Scheibe Brot geteilt, Besuche hin und her unternommen, und nun die Mauer. Es gab keine Passierscheine wie später, und so blieben viele Menschen, sowohl in Ost wie in West, allein. Ich erinnere mich noch, daß die hochbetagten Bewohner immer nur jammerten und weinten: »Hoffentlich gibt es keinen Krieg!« Viele hatten ja zwei Weltkriege erlebt!

Katharina P., Berlin

Gedrückte Stimmung

Es war das erste Weihnachtsfest ohne die Großmutter aus dem winzigen Dorf bei Wittenberge. Wir hatten keine Nachricht, wie es ihnen ging.

Es war sonst immer ein großes, fröhliches Weihnachtsfest in der kleinen Altbauwohnung, mit dem Besuch aus der Zone, es wurde viel von den anderen Verwandten, die durch Krieg und Flucht weit verstreut wurden, erzählt. Es gab für uns Kinder viel zu lachen bei den gemeinsamen Rommee- und Mensch-ärgere-Dich-nicht-Spielen.

Aber 1961 war alles anders. Die Eltern waren gedrückter Stimmung. Sie hatten verzweifelt versucht, Besuchsgenehmigungen für die Großmutter zu bekommen. Wir hörten viel Radio mit den Weihnachtsgrüßen von den Hörern (West) an die Hörer (Ost). Für viele Menschen die einzige Verbindung.

Ursula B., Iserlohn, früher Berlin

Tischschmuck zum Fest

Für die

Materialien:
Filz oder Wollstoff in Rot, Weiß, Schwarz und Grau. Zwei Tischtennisbälle, Kleber, Velourpapier und ein alter Strumpf

Selbstgebastelte Schnee- oder Weihnachtsmänner sind als Tisch- und Zimmerschmuck oder kleines Geschenk vielseitig verwendbar.

Zunächst zeichnen wir den Schnitt (alle Maße sind in Zentimetern und die Schnitte A, B und C nur zur Hälfte angegeben) in der Originalgröße auf einen Bogen, schneiden ihn aus und danach die einzelnen Teile zu.

Schneemann: Wir schließen die Naht am Körper (A), dabei achtgeben, daß diese nach hinten kommt. Über den Tischtennisball wird ein Stück weißer Stoff straff gespannt, die Enden fest mit Zwirn umwickelt und so durch den

Halsau
wir zu
Schal
wird. N
Filz w
Nase,
aus ei
verkleb
Schnee
gefertig
Weiß
wir zun
wird ein

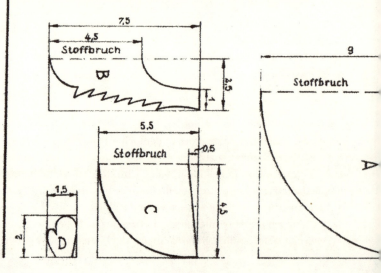

Winken an der Mauer

Jeden Sonntag und an allen Feiertagen waren wir zum Mittagessen bei meinen Eltern in Treptow. Jahrelang! Nun sperrte die Mauer uns aus. Wir hatten ein Plätzchen an der Westseite der Mauer in Neukölln ausfindig gemacht, wo uns unsere Eltern hinter zugezogenen Gardinen und durch ein Fernglas sehen konnten. Wir winkten und winkten und wußten, jetzt stehen sie dort und kämpfen mit den Tränen.

Dr. Cilly W., Berlin

janze Familie

ezogen. Kopf und Körper nähen. Die Stiche werden durch einen , der dem Schneemann umgelegt öpfe und Augen aus schwarzem geklebt, genauso wie Mund und s rotem Material. Letztere wird eckigen Stoffstück gedreht und Kopfbedeckung erhält unser nen aus schwarzem Velourpapier inder (Durchmesser 4 cm).

ann: Am roten Mantel schließen e Naht. Über den Tischtennisball Strumpf gespannt, die Enden mit Zwirn umwickelt und durch den Mantelausschnitt gezogen. Kopf und Mantel nun zusammennähen. Ein Streifen grauer Filz oder ein Stückchen Pelz (9 × 1 cm) als Kragen darüber befestigt, verdeckt die Stiche. Den Bart (B) und die Haare kleben wir am Kopf fest, ebenso die Augen (schwarz), Mund und Nase (rot). Die rote Mütze (C) wird durch einen grauen Streifen am Rand (1 cm breit) und einen grauen Punkt an der Spitze verziert. Sie verdeckt die Enden von Bart und Haar. Zum Schluß den Handschuh (D) schneiden und aufnähen.

Jutta Gottschalk

Kino
Ost
Agatha laß das Morden sein
Schwarzer Sonnabend

Theater
Ost
Maxim Gorki Theater
»Und das am Heiligabend«
Die Distel *Ach Du meine Presse*

Fernsehen
Ost
20.00 Uhr Rumpelkammer
21.30 Uhr Menschen auf der
Brücke. Ein sowjetischer Film

West
12.00 Uhr Weihnachtsbescherung
durch Bundeskanzler Adenauer
für Bonner Waisenkinder
20.20 Uhr Und Pippa tanzt

Was noch
Ost
Empfehlung: Besuch der
»schönsten Milchbar der Stadt«
in der Karl-Marx-Allee

West
Remdes St. Pauli
Pariser Revue – Reise um die Welt
Artistik – Striptease – Schönheits-
tänze – Schaumbad – Laufsteg –
Wäscheschau

Schlagzeilen
Rentenerhöhung perfekt – Fünf Prozent mehr für
8 Mill. Altrentner
Willy Brandt: Berlin wird ruhige Weihnachten feiern
Stadtsowjet bleibt unmenschlich – Passierscheine
abgelehnt

Preise
Der gute Weihnachtsapfel
Ingrid Marie, dän. HKl. A 700 g –,95 DM

Meldungen
An die Einsender der richtigen Lösungen des
Weihnachtsrätsels der Berliner Morgenpost wurden
300 Enten und 300 Gänse verlost.

In einigen Vitrinen am Kurfürstendamm und in einigen
Hotelhallen liegen jetzt Bibeln aus. Aufgeschlagen ist die
Weihnachtsbotschaft. Pastor Giesen von der Berliner
Stadtmission hatte die Idee. »Wir müssen mit allen
Mitteln versuchen, die Menschen an Gott zu erinnern.«

Kinder
Amerik. Familie, Zehlendorf, su. Babysitter gegen Zimmer.
Tel. 76 53 53

Erinnerung *Ost*
Der Bau der Mauer war für mich
das furchtbarste Erlebnis in
meinem Leben. *Ina S., Berlin*

Erinnerung *West*
Niemand konnte das verstehen,
was es heißt, eingemauert
zu sein. *Carola D., Berlin*

1961

Ost

Schlagzeilen
Kein Tummelplatz für die NATO
Rostock meldet: Bisher 21 200 Tonnen Südfrüchte umgeschlagen
Schnell mit der DDR verhandeln!

Preise
Schneeschläger 2,80 M
Weihnachtsbaumständer 3,45 M

Meldung
Die traditionelle Weihnachtsbescherung für Blindenführhunde findet am 28. 12. um 18.00 Uhr im BEWAG-Sportheim, Baumschulenweg/Köpenicker Landstr. 186 statt.

Kinder
»Pfefferkuchen, Zuckerwatte und ein großer Tannenbaum.« Weihnachtsveranstaltung für Kinder von 6 Jahren an. Ab 15.00 Uhr im Zentralen Haus der DSF.

Wünsche
Su. fortschrittliche Gefährtin, 42-50 Jahre, zw. Heirat, Zuschr. Weißensee, Klement-Gottwald-Str. 45

Viele Straßen in Wilhelmsruh sind sehr schlecht beleuchtet. Wenn dann noch regnerisches Wetter herrscht, kommt es oft vor, daß zwei Personen zusammenstoßen. Dem müßte doch abgeholfen werden.
Erwin Fritsche, Berlin-Wilhelmsruh

Wetter *Ost / West*
Mild, tags −2, nachts bis −5 Grad.

Bau der Mauer zwischen West und Ost an der Lindenstraße, Grenze zwischen den Bezirken Kreuzberg und Mitte. Aufnahme vom 18. August 1961. Besuche zwischen Ost und West waren auch zu Weihnachten nicht gestattet, trotz vieler Versuche gab es keine Passierscheine für Westberliner.

Die Grenze ist dicht! Im Dezember 1961 an der Kiefholzstraße im Bezirk Treptow. Westberliner winken ihren Verwandten und Freunden hinter der Mauer zu.

Politik *Ost / West*
Am ersten Jahrestag des Mauerbaus erregte Proteste in Westberlin gegen die Mauer, Auseinandersetzungen zwischen jugendlichen Demonstranten und der Polizei, bes. gegen Wachablösung für das sowj. Ehrenmal. An der Straße des 17. Juni gerät ein Militärbus in einen Steinhagel, 2 sowj. Soldaten verletzt, danach kommt die Wachablösung im Schützenpanzerwagen.

Kino
West
Er kann es nicht lassen
(m. Heinz Rühmann)
Die sieben Weltwunder

Theater
West
Schaubühne am Halleschen Tor
Der Rebell, der keiner war
Titania-Palast *Onkel Tobias*
»*Schneewittchen*«

Was noch
Ost
18 … 20 … passe – Großer Weihnachtspreisskat für junge und alte Skathasen um 19 Uhr im Speisesaal des Zentralen Klubs der Jugend und Sportler, Karl-Marx-Allee.

West
Schloß Brüningslinden – Kladow: Kurt Kaiser bietet Ihnen an beiden Feiertagen lukullische Genüsse. Tischbestellung unter 80 80 26 erbeten.

Fernsehen
Ost
17.00 Puppenzirkus Plums ist da
20.00 Das Glas Wasser

West

Schlagzeilen
24. bis 28. Dez. 1031 SZ-Flüchtlinge in Notaufnahmestellen gemeldet
Freigabe von Kindern aus der Zone verlangt
Kältewelle über Europa

Meldung
Singen für Vopos
Die Vopos rührten sich nicht, als die Schöneberger Sängerknaben Weihnachts- und Adventslieder unmittelbar an der Grenze im Bezirk Zehlendorf sangen. Weithin war der reine Klang der Knabenstimmen in der nächtlichen Stille zu hören – ein Gruß an die Menschen hinter Mauer und Stacheldraht.

Wünsche
Stattl. 50er (Senat) sucht Bekanntschaft mit korpulenter Dame. 11026 Telegraf Berlin 33, Hohenzollerndamm 32

Preise
3 große marokk. Orangen, Navel –,89 DM
Wiener Würstchen 500 g 3,90 DM

Humor
Willy Kressmann (»Texas-Willy«) bezeichnete während einer USA-Reise die Berliner Mauer »als Ergebnis der Politik des Ostens und des Westens«. Der populäre Kreuzberger Bezirksbürgermeister sprach von einem »Dschungelkrieg im Kleinen« an der Grenze und forderte, den »Waffengebrauch von der einen wie von der anderen Seite« zur Diskussion zu stellen. Mit diesen Äußerungen war für die Berliner SPD das Maß voll. Er wurde Ende November als Bezirksbürgermeister abberufen. 1963 trat er verbittert aus der SPD aus, der er 41 Jahre angehört hatte.

Erinnerung *Ost*

In den ersten Jahren nach dem Mauerbau war die Versorgung mit hochwertigen Lebensmitteln in Ostberlin sehr schlecht; Butter und Babynahrung äußerst knapp. Unsere Verwandten in Westberlin schickten jede Woche ein großes Paket. Meine kleinen Kinder sind in dieser Zeit mit Alete und Milchpulver großgezogen worden.

Marietta K., Berlin

1962

Ost

Schlagzeilen
6458 Neubauwohnungen wurden bis zum 10. Dezember an die Berliner übergeben
Fernseh-Plansilvester – In diesem Jahr 460 000 Fernsehgeräte produziert

Leserbrief
Im Konsum-Schreibwarengeschäft erfragte ich den Preis durchsichtiger Fotoecken. Die Antwort: Fotoecken werden nur beim Kauf eines Fotoalbums abgegeben. Also muß man ein Fotoalbum zum Preis von 7,– bis 10,– M kaufen, um in den Besitz von Fotoecken für 0,28 M zu kommen.
A. Puhlmann, Berlin Pankow

Wünsche
Suche dringend neuwert. Waschmaschine, Tel. 56 72 62

Anzeige
VEB Kombinat Schwarze Pumpe, Großbaustelle des Sozialismus, stellt Männer und Frauen ein als Maschinisten, Bandwärter, Bandfahrer, Elektriker, Angeb. Berlin C2, Wallstr. 9-13, Zi 136

Kinder
Die Kinderweihnachtsausstellung »Mit der Spielzeugeisenbahn durch deutsches und sowjetisches Märchenland« im Zentralen Haus der DSF hatte bereits über 4000 Gäste.

Wetter *Ost / West*
Strenges Frostwetter, tags −10, nachts −15 Grad, heiter, kein Schnee.

Licht an der Mauer

Nach dem Bau der Mauer am 13. August 1961 richtete sich die Aufmerksamkeit der Weltöffentlichkeit verstärkt auf Berlin, und im Dezember gingen Fotos einer von der Springerzeitung »BZ« mit großem Medienaufwand gestarteten Aktion »Licht an der Mauer« in die ganze Welt. Beleuchtete Tannenbäume winkten wie ein Weihnachtsgruß über die Mauer.

Im Herbst 1962 stellte der Senat Überlegungen an, diese Aktion zu wiederholen, allerdings sollte diese nun von den Behörden organisiert werden, um zu verhindern »daß eine Zeitung damit für sich Reklame macht«. Bei der Wahl der Standorte wäre zu beachten, daß die Aktion »nur an Stellen durchgeführt werde, die von Osten gesehen werden können.«

Für das Jahr 1962 lief die vom Kuratorium Unteilbares Deutschland organisierte Aktion unter dem Titel »Weihnachten 1962 – Licht an der Mauer«, und es wurden verstärkt Städte, Gemeinden, Kreise und Organisationen zu Tannenbaumspenden aufgefordert.

Dem Chef der Senatskanzlei, Heinrich Albertz, teilte das Kuratorium Ende November mit, daß rund 600 Tannenbäume gespendet worden seien. »Die Spenden fließen langsam, aber stetig.« Die Kosten für Aufbau, Beleuchtung, Wartung und Abbau wurden mit 300,– DM je Baum veranschlagt.

Festgelegt wurde: »Die Entzündung (sic!) der Bäume erfolgt einheitlich am 17. 12. 1961 während einer Feierstunde. Der Regierende Bürgermeister wird die Entzündung auf der Plattform des Humboldt-Bunkers vornehmen, der einen guten Überblick bietet und auch nicht unmittelbar an der Mauer liegt.«

Die Abschaltung der Bäume erfolgte am 2. 1. 1963 in den Vormittagsstunden. Der Abtransport der Bäume sollte durch Polizei und Bezirksverwaltungen geregelt werden.

Der Versuch, die 1961 eher chaotisch gestartete Aktion zu verbessern, verlief – wie Presseberichte zeigen – nicht zufriedenstellend. Beim Transport der Bäume gab es Probleme, die Koordinierung klappte nicht, einige Bäume blieben unbeleuchtet, andere standen an Stellen, die vom Ostteil Berlins nicht gesehen werden konnten, und mancher Berliner holte sich den »gespendeten« Baum nachts in die eigene Stube. Die beabsichtige Wirkung blieb offenbar aus, denn Briefe an den Senat zeigen, daß die weihnachtliche Aktion »drüben mehr Trauer als Zuversicht« hervorgerufen hatte.

(Zitate aus: LA B Rep 002 Nr 2209-2211)

Weihnachtsmarkt West

Über viele Jahre fand der Westberliner Weihnachtsmarkt in den riesigen, nüchternen Messehallen am Funkturm statt, in denen nie richtige Weihnachtsstimmung, wie unter freiem Himmel, aufkam. Das Angebot umfaßte Elektroküchen für Kinder, Leseecken, Bastelstuben, eine große elektrische Eisenbahnanlage, Puppenspiele, Zirkusvorstellungen und Darstellungen christlicher Kunst aus Gebieten wie Ostpreußen und Schlesien. Im Vordergrund standen immer Verkaufsbuden mit Textilien, Spielzeugen und Haushaltswaren sowie Imbiß- und Getränkestände.

1962 wurden kritische Stimmen laut: Die Besucher vermißten die weihnachtliche Stimmung in den Hallen. Die Dekoration sei zu nüchtern, die Ausstellungsarchitekten »malen zu modern und vergessen ganz, daß Buden romantisch und Märchenmotive niedlich sein müssen«. 1967 protestierten die Besucher gegen zu hohe Eintrittspreise (Erwachsene 1,50 DM, Kinder 0,50 DM), zu wenig Weihnachtsatmosphäre und ein zum Teil atemberaubendes Gewirr von musikalischen Darbietungen.

Ganz im Sinne der Veranstalter kamen bis zum Bau der Mauer viele Familien aus der DDR, denn der Weihnachtsmarkt unter dem Funkturm »sollte zu einem Treffen zwischen Besuchern aus Ost und West werden. Um das Währungsgefälle ein wenig auszugleichen, erhielt jeder Ostbesucher für zwei Mark Ost einen Verzehrbon (wurde im Verhältnis 1:1 eingelöst): 60 Pfennig für Süßigkeiten oder Obst, weitere 60 für Imbiß oder Getränk, 80 Pfennig für Attraktionen.«

Ein Fazit des Weihnachtsmarktes 1960 wird auf der Sitzung der Abt. Wirtschaft des Bezirksamtes Charlottenburg vom 29.12.1960 gezogen:

Die offizielle Zahl der Besucher wird mit 432 090 angegeben. »Erstmals besuchten ebenso viele Ostbesucher wie Westbesucher den Weihnachtsmarkt«, heißt es in dem Protokoll. Offenbar erscheint es der Behörde wichtig, die – stark überhöhte – Zahl der Ostbesucher zu erläutern: »Eine geringe Anzahl der Ostbesucher ist doppelt gezählt, weil sie sich an mehreren Kassen Eintrittskarten lösten, um entsprechend mehr Wertbons erwerben zu können«.

Weiter heißt es: »Unter den Besuchern befand sich ein sehr großer Anteil älterer Leute mit Kindern. ›Halbstarke‹ traten lediglich in der letzten Woche schwach in Erscheinung, hierbei handelte es sich vermutlich um Ostbesucher.«

Zur öffentlichen Kritik: »Der Weihnachtsmarkt wurde von der Presse im allgemeinen günstig kommentiert. Fernsehen und Rundfunk hielten sich sehr zurück. (...) Von kirchlicher Seite wurde der Weihnachtsmarkt überwiegend negativ beurteilt. Das Petrusblatt gebrauchte sogar die Bezeichnung Rummel.«

Für das nächste Weihnachtsfest wurde empfohlen: »Um künftig einen offensichtlichen Mißbrauch der Wertmarken auszuschließen, empfiehlt sich eine Kontrolle vor den Schaltern. Dadurch kann weitgehend verhindert werden, daß Ostbesucher an mehreren Schaltern Eintrittskarten und Wertmarken erwerben.« Und: »Den Händlern wird künftig die Erlaubnis zum Ausschank von Wein und Whisky verweigert.«

(Zitate: LA B Rep 002 Nr. 2167)

nachfolgende Seiten
»Licht an der Mauer«. Seit Dezember 1961 wurden auf Initiative des Kuratoriums Unteilbares Deutschland kerzengeschmückte Weihnachtsbäume an der Grenze zwischen Ost und West aufgestellt. Hier ein Blick am Grenzübergang Oberbaumbrücke im Bezirk Kreuzberg in Richtung Warschauer Brücke.

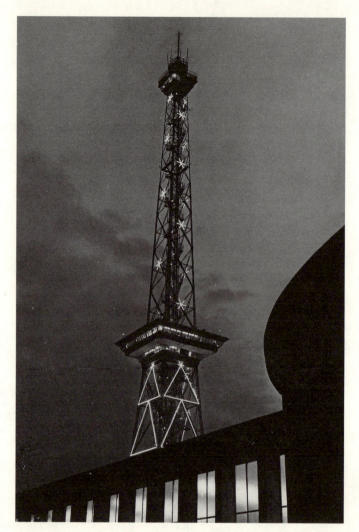

Unter dem weihnachtlich dekorierten Funkturm fanden in den Messehallen regelmäßig Weihnachtsausstellungen und Weihnachtsmärkte statt. (Dezember 1960)

Um die Attraktivität des Weihnachtmarktes unter dem Funkturm zu erhöhen, wurden keine Kosten und Mühen gescheut. Der Schauspieler Harald Juhnke entsteigt dem Helikopter und begrüßt die Berliner Kinder im Weihnachtsmannkostüm. (Dezember 1977)

Hier kam keine weihnachtliche Stimmung auf! Weihnachtliche Marktstände und die große Kindereisenbahn in den Messehallen am Funkturm. Die Presse kritisierte jahrelang das Treiben als »Weihnachts-Rummel«.

Politik *Ost / West*
Abgeordnetenwahl: Willy Brandt zum 3. Mal zum Reg. Bürgermeister gewählt. US-Präsident John F. Kennedy während des Staatsbesuchs in der BRD auch in Westberlin (»Ich bin ein Berliner«). Sowj. Partei- und Regierungschef Nikita S. Chruschtschow besucht Ostberlin. Passierscheinabkommen zwischen Senat und DDR-Regierung.

Kino
Ost
Ein verregneter Sonntag
Giuseppe Verdi

Theater
Ost
Volksbühne *Hauptmann von Köpenick*
Berliner Ensemble *Schwejk im II. Weltkrieg*

Fernsehen
Ost
11.00 Uhr Zwischen Frühstück und Gänsebraten
18.25 Uhr Fröhliche Weihnachten überall

West
18.00 Uhr Weihnachtsgottesdienst zum Heiligen Abend von der Marktkirche in Hannover
20.00 Uhr Weihnachtsansprache des Bundeskanzlers

Was noch
Ost
18. 12., 18.00 Uhr »Zündet an das Licht des Friedens« – Literaturabend im Haus der DSF

West
15jähriges Bestehen der »Insulaner« wird mit einem großen Jubiläumskonzert im Berliner Sportpalast gefeiert.

West

Schlagzeilen
Bausenator als Weihnachtsmann – Schnellstraßenabschnitt Rathenauplatz zum Jacob-Kaiser-Platz übergeben
Brandt bei Erhard – Gespräche über Passierscheinfragen
Leichte Entspannung an den Ausgabestellen – doch Gefahr für Flüchtlinge

Meldung
Jochen Richert, der »Vater der Fernsehlotterie«, erklärte, daß in diesem Jahr alle bedürftigen Berliner über 65 Jahre ein Weihnachtspaket erhalten. Die Personen werden von den Sozialämtern benannt.

Kinder
Briten laden Kinder ein
Als Dank für die vielen Einladungen aus der Berliner Bevölkerung hat jede britische Einheit kleine Berliner zu Weihnachtsfeiern eingeladen. 200 Berliner und britische Kinder treffen sich im NAAFI-Haus am Theodor-Heuss-Platz zu einer Feier.

Anzeige
Flugreisen in den Süden
Mallorca 15 Tage, Vollpens., ab 495,–DM
AERO-LLOYD Flugreisen GmbH

Preise
Puten, bratfertig, 500 g für 2,85 DM
Spargelabschnitte m. Köpfen, 425 g Dose für 1,68 DM

Erinnerungen *West*
Unsere gesamte Verwandtschaft lebte in der DDR. Jeder schickte ein Päckchen zu Weihnachten, in jedem Päckchen war ein Stollen. Und Tante Gisela schrieb dann: »Wie hat Euch denn der Stollen geschmeckt?« »Wunderbar«, antworteten wir. »Kein Wunder, es sind ja auch die Sultaninen, das Orangeat und die Mandeln drin, die ihr uns aus dem Westen geschickt habt.« So gingen manche Zutaten hin und her.
Lisa S., Berlin

Als Nachbarn von »Barlogs« haben wir jahrelang den Stollen der »Palucca« gegessen.
Wolfgang H., Berlin

1963

Ost

Schlagzeilen
Ab heute DDR-Passierscheine in Westberlin (18.12.)
Politische Vernunft trug Früchte
Pioniere feiern Geburtstag – 15 Jahre Pionierorganisation

Meldungen
Auch am 2. Weihnachtsfeiertag kamen Zehntausende Westberliner in die Hauptstadt der DDR, um ihre Verwandten zu besuchen. Am Grenzkontrollpunkt Oberbaumbrücke passierten bis 10 Uhr rund 10 000 Westberliner.

Rund 2500 kg Champignons wachsen in den Treibhäusern der LPG »1. Mai« in Berlin-Wartenberg, um als Beilage des weihnachtlichen Festessens ihre Liebhaber zu erfreuen.

Anzeigen
Levis-Jeans, neu oder gebraucht, für Filmaufn. sucht
Tel. 58 30 21

Import-Strickwaren
Wiener Strickkleider, Reine Wolle, 285,– M,
HO-Verk.-Stelle 2 Rechts – 2 Links, Karl-Marx-Allee 123

Wetter *Ost / West*
Mäßige südliche Winde, bewölkt, teils heiter, meist niederschlagsfrei. Tagestemperatur um –8 Grad, nachts –12 Grad.

Politik *Ost / West*
DDR gestattet Rentnern jährlich eine Reise in die BRD und nach Westberlin. Robert Havemann aus Lehrkörper der Humboldt-Universität ausgeschlossen. Hinweis der Westmächte: Westberlin keine »selbständige politische Einheit«, wie in einem Freundschaftsvertrag zwischen DDR und UdSSR erklärt wurde. 57 Menschen gelingt Flucht nach Westberlin durch einen Tunnel. Anfang Dez.: Auf Anordnung der DDR müssen alle Besucher der DDR und Ostberlins pro Tag und Person – ausgenommen Rentner und Kinder – mindestens 5 DM zum Kurs 1:1 umtauschen.

Kino
West
Dr. Mabuse der Spieler
Seelenwandlung

Theater
West
Tribüne *Unsere kleine Stadt*
Die Wühlmäuse *Bonn Quijote*

Fernsehen
Ost
18.45 Uhr Sandmännchen
20.00 Uhr Ritter Blaubart

West
16.00 Uhr Wir warten auf das Christkind
20.00 Uhr Ansprache des Bundeskanzlers

Was noch
Ost
Seenrundfahrt
Die Weiße Flotte fährt am 26. und 27. jeweils um 13 Uhr auf ihren geheizten Luxusfahrgastschiffen, Fahrpr. 5 Mark, Abfahrt: Treptow

West

Schlagzeilen
Westmächte protestieren bei Sowjets gegen Geldumtausch-Zwang
Folgen der Mieterhöhung in Berlin: »de-Facto«-Aufhebung der Mietpreisbindung

Meldungen
Das Ministerium für gesamtdeutsche Fragen unterstützte 25 Hilfsverbände mit 3,8 Millionen DM jährlich, die über Kirchen, Sportverbände, Jugendorganisationen (z.B. Naturfreundejugend) an ehemalige Mitglieder oder Freunde Päckchen und Pakete in die DDR schickten. Die Motivation: »Leitgedanke dieser Förderung ist neben der materiellen Hilfe ein politisches Ziel: Das Paket als Ausdruck der Verbundenheit soll die menschlichen Kontakte und die Mitverantwortung der Bewohner der Bundesrepublik zur Erhaltung des Zusammengehörigkeitsgefühls stärken.« (BArch B137/2315)

Einen Waschkorb voller Geschenke und einen Weihnachtsbaum brachte der Kreuzberger Bezirksbürgermeister Abendrot den alliierten Soldaten, die am Checkpoint Charlie Wache halten. Der Baum wurde sofort auf dem Dach des Wachhäuschens angebracht.

Wunsch
Schriftsteller, 59/1,70, wie 40 aussehend, su. attraktive Lebensgefährtin bis 38, PS 1264, Der Tagesspiegel, Berlin 30 Postf.

Preise
Bunte Lebkuchenmischung »Bären-Allerlei« – Riesenbeutel ca. 500 g 1,38 DM
Dominosteine, doppelt gefüllt 200 g –,75 DM

Erinnerung *West*
Über die Jugendverbände konnte man einen bestimmten Betrag (etwa 25,– DM) erhalten, um ein Paket an ehemalige Mitglieder in Ostberlin zu schicken. Die Prozedur war ziemlich umständlich, aber ohne diese Zuwendung wären wohl kaum so viele Sendungen nach Ostberlin gegangen. *Hannelore F., Berlin*

1964

Ost

Schlagzeilen
Volksbewegung gegen Bonner Atomwahnsinn
Dank an unsere Grenzsoldaten
Warum ist die weiße Weihnacht selten geworden?

Anzeigen
Suche Trabant 601 oder 600 gegen Barzahlung, Tel. 55 46 36, Mo-Fr. 7-16 Uhr

Verk. Trabant 500, Bauj. 60, Schätzpr. 5000 Mark, 44 000 km, Tel. 479 07 94

Leserbrief
Trümpfe für Onkel Benno
Im vorigen Jahr lernte ich zum Weihnachtsfest den Westberliner Onkel meines Mannes kennen. Obwohl ich nett und freundlich zu ihm war, sah Onkel Benno immerzu schwarz. Unsere junge Ehe war ihm zu jung, das Zimmer zu klein und unser neuer Läufer aus Kunstgewebe zu hell. Unser Optimismus auf unsere Zukunft war zu optimistisch. In diesem Jahr empfingen wir Onkel Benno mit einigen Trümpfen. Der größte Trumpf: Ein gesundes Töchterchen. Dann eine Neubauwohnung und – unser gegenseitiges Weihnachtsgeschenk – ein Fernsehapparat. Na, ist das nichts! *Thea Schulz, Weißensee*

Humor
Denken Sie bei Ihrem Weihnachtseinkauf stets daran, daß das Leben nach Weihnachten weitergeht.

Wetter *Ost / West*
Leichtes Frostwetter, geringe Niederschläge, meist als Schnee, tags kaum über Null, nachts –2 bis –6 Grad.

Als Dank und Zeichen der Verbundenheit zwischen der Berliner Polizei und den drei westlichen Besatzungsmächten überreicht Bürgermeister Heinrich Albertz alliierten Soldaten kleine Weihnachtsgeschenke. (Aufnahme 1963)

Die alliierten Soldaten bereiteten jahrelang Berliner Kindern eine Weihnachtsfreude. Hier waren Überraschungen immer denkbar. Am 23. Dezember 1963 verläßt ein weihnachtlich dekorierter Panzer die Smuts-Barracks in Berlin-Spandau und fährt zur Weihnachtsbescherung für deutsche und britische Kinder zum Theodor-Heuss-Platz.

Ab geht's im Ami-Bus zur Weihnachtsfeier! Amerikanische Soldaten bringen die Kleinen aus der Kindertagesstätte Rosenheimer Straße 20b in Berlin-Schöneberg zur Bescherung und zum Weihnachtsessen. (Aufnahme Dezember 1982)

Weihnachtsfeier amerikanischer Soldaten für deutsche Kinder in der Mc Nair-Kaserne, Goerzallee in Lichterfelde im Dezember 1954

Politik Ost / West

Drittes Passierscheinabkommen (980 000 Besuche genehmigt). Bundestagssitzung in Berlin von sowj. Tieffliegern gestört. 2600 politische Häftlinge aus der DDR mit Warenlieferungen aus der BRD ausgelöst. Tito zum ersten Staatsbesuch in der DDR. Königin Elisabeth besucht Berlin. Beginn der Luftangriffe der USA auf Nordvietnam. Krawalle in der Waldbühne bei Rolling Stones.

Kino

Ost
Porgy und Bess
Es geschah in Rom

Theater

Ost
Theater der Freundschaft
Die verzauberten Brüder
Berliner Ensemble *Der unaufhaltsame Aufstieg des Arturo Ui*

Fernsehen

Ost
16.30 Uhr Bei Prof. Filmrich
21.15 Uhr Der schwarze Kanal von und mit Karl-Eduard von Schnitzler

West
12.00 Uhr Weihnachtssegen des Papstes
20.00 Uhr Der zerbrochene Krug

West

Schlagzeilen
Brandt warnt vor Isolierung Berlins
Friedenschance in Vietnam – Waffenruhe
Heute Rendezvous im All – Gemini 7
Der VW-Preis ist in Gefahr – Preiserhöhung bis 250 DM droht

Preise
Kaffee-Hansa 250 g 3,50 DM
Damenstrumpfhose I. Wahl 1,25 DM

Anzeige
Gastwirt su. für Ausflugslokal (So u. Wi. geöffnet)
Partnerin. Eilangebote Tel. 43 82 88

Meldung
Stundenlange Verhöre durch die Zonengrenzwächter und eine Geldstrafe von 100 Mark wegen Verstoßes gegen Zollbestimmungen der DDR mußte ein Braunschweiger Kraftfahrer in Kauf nehmen. Er hatte sich mit Verwandten in der Autobahnraststätte »Magdeburger Börde« getroffen und ihnen dort ein Lebensmittelpaket übergeben.
Die Dienststellen der Bundesrepublik warnen vor solchen Zusammenkünften in der Sowjetzone.

Erinnerung *Ost*

Als meine Geschwister uns endlich wieder zu Weihnachten besuchen konnten, haben wir uns große Mühe gegeben, alles sehr schön und festlich zu gestalten. Schon Wochen vorher beim Konsum Rouladen bestellt, über einen Kollegen Pilsner Bier besorgt, das gute Geschirr und ein schneeweißes Tischtuch aufgedeckt. Alles war sehr schön und wir waren damals richtig glücklich! *Anita Z., Berlin*

1965

Vexierbild

Wer sieht den kleinen Gerd, der ebenfalls allen Lesern ein frohes Weihnachtsfest wünscht?

Ost

Schlagzeilen
Maßstab unserer Arbeit ist das Parteiprogramm
Vor allem Frieden
Volkskammer mit Vietnam solidarisch

Meldung
Das Schuhhaus »Hans Sachs«, Schönhauser Allee, berichtet: Eine Stunde am »Goldenen« geöffnet, da hieß es: Jahresplan erfüllt.

Meldung
Weihnachtsempfang der DDR für die Grenztruppen und das Wachregiment. »Nach einem heiter-besinnlichen Programm wurde das Festmahl aufgetragen. Die Soldaten erhielten liebevoll verpackte Geschenke der obersten Volksvertreter der Hauptstadt.«

Was noch
Etwa 200 Pudelzüchter und deren Gäste trafen sich in diesen Tagen zu einem vorweihnachtlichen Pudelball. Dazu hatten die Züchter auch alleinstehende Rentner eingeladen und ihnen eine kleine Überraschung bereitet.

Wünsche
Genoss.-Bauer, Typ I, 42/173 ortsgeb., wü. Bekanntsch. m. nettem Mädchen zw. baldiger Heirat. Ro 0131 Dewag, 1054 Bln.

Wetter *Ost / West*
Stark bewölkt, teils Niederschläge als Schnee oder in Regen übergehend. Tagestemperaturen um oder etwas über 0 Grad.

Geschenke und Pakete von West nach Ost und Ost nach West

»Dein Päckchen nach drüben, sie warten drauf«
(Klebemarken der Post als Werbung für Paketsendungen nach »drüben«)

Vorschriften

Am 5.8.1954 trat die »Verordnung über die Geschenkpakete und -päckchen auf dem Postweg mit Westdeutschland, Westberlin und dem Ausland« in Kraft. §1 besagte, daß nur von Privat an Privat geschickt werden darf und die Sendungen den Hinweis »Geschenksendung, keine Handelsware« tragen müssen. Die Regelung galt 35 Jahre.

Im Laufe der Jahre wurden Höchstmengen pro Sendung festgesetzt, im allgemeinen galt, jedes Paket durfte nicht mehr als
250g Kaffee
250g Kakao
300g Schokolade
50g Tabak oder Tabakerzeugnisse enthalten.

Beim Versand gebrauchter Kleidung mußte eine Bescheinigung des zuständigen Landesgesundheitsamtes über eine erfolgte Desinfizierung der Kleidungsstücke einschl. der Nennung des verwendeten Mittels und der Art der Desinfizierung beigelegt werden.

Die verwendeten Kartons und Schachteln durften keine Aufschriften wie z.B. »Berliner Kindl« oder »Sanella« tragen, alles mußte in neutrales Packpapier eingeschlagen sein. Verboten war das Verkleben mit Tesafilm, die Pakete mußten verschnürt werden.

Erinnerungen

Wenn wir die Weihnachtspäckchen packten, mußten wir immer neben den Absender schreiben: »Geschenksendung, keine Handelsware«. Mein Bruder wollte sich die Schreiberei erleichtern und bastelte aus seiner Kinderdruckerei (übrigens ein Geschenk von drüben) einen entsprechenden, kleinen Stempel. Kein Paket, kein Päckchen erreichte den Empfänger! Im nächsten Jahr haben wir wieder alles mit der Hand geschrieben.

Erna K., Berlin

Schnur wurde immer aufgehoben und ging oft von West nach Ost und umgekehrt, immer hin und her.

Lisa K., Berlin

Fakten

Seit 1978 wurden jährlich ca. 25 Millionen Pakete und Päckchen von West nach Ost und ca. 10 Millionen von Ost nach West geschickt.
Viele Sendungen erreichten ihre Empfänger nicht. Es sollen in den Jahren 1984 bis 1989 von den Behörden aus den Postsendungen Waren im Wert von 10 Millionen DM entwendet worden sein.

Erfahrungen

Viele Menschen in Ost und West werden sich daran erinnern: endlose Einkäufe, das Besorgen von Kartons, Schnur, Weihnachtspapier, an stundenlange Einpackaktionen, das Ausfüllen der notwendigen Vordrucke mit Anschriften und doppeltem Inhaltsverzeichnis. Und dann zur Post. Vor Weihnachten gehörten die langen Schlangen vor den Postämtern zum Alltagsbild, genervte Postangestellte schleppten die Pakete hin und her. Danach das Warten, ob die so liebevoll zusammengestellten Geschenke die Empfänger erreicht hatten.

Begehrte Geschenke – Päckchen West nach Ost

Pfanny Knödel
Kaugummi
Duftseifen,
8x4 Deo-Spray
Jacobs Krönung
Vogelfutter mit Vitaminen und Jod («Trill»)
Strumpfhosen
Milka-Schokolade
Gewürze und Därme
Nürnberger Lebkuchen (möglichst mit Schmuckdose)
Ölsardinen
Thunfisch in Dosen
Matchbox-Autos
Karl-May-Bücher
Nähnadeln
Reißverschlüsse
Strickwolle
Strick- und Häkelhefte
Kaba
Tupperware
Stoffe für Kleider und Mäntel
Aromafläschchen
Zuckerstreusel
Backpulver
Vanillezucker (aber nur von Dr. Oetker)
Rheumapflaster
Spalttabletten
Tintenkiller
Lippenstift
Nagellack
Servietten
Tischdekoration für Kindergeburtstag
Kugelschreiber
Papiertaschentücher
Rauhfasertapeten
China-Samtschuhe
Parka
Espandrillos
Blumen- und Gemüsesamen (neue Sorten)
Plastiktüten (zum Einkauf) entweder neutral oder von Museen u. Ausstellungen (Werbeaufdrucke wie Karstadt oder ALDI wurden nicht gern gesehen)
Wegwerfwindeln
Baby-Ausstattungen
Niveacreme
Mon Cherie
Kölnisch Wasser
Topfschwämme
Barbie-Puppen
Erfrischungstücher
Samen für exotische Zimmerpflanzen (Palmen)
Ovomaltine
Luftschokolade
Schoka-Cola

Verboten von West nach Ost

Schallplatten
Medikamente
Zeitungen und Zeitschriften
Porno- und Groschenhefte
Stadtpläne (z.B. mit Topographie von Westberlin)
Ostgeld
Versandhauskataloge
Briefmarken

Begehrte Geschenke von Ost nach West

Holzspielwaren (Autos, Trecker)
Räuchermännchen
Sandmännchen
Plüschtiere wie Pitti Platsch, Schnatterinchen u. Fuchs und Elster

Sonderbriefmarken
Briefpapier
Zeichenblöcke
Aquarellpapiere
Ausschneidebögen f. Kinder und Erwachsene
Handgestrickte und geklöppelte Decken
Kinderbücher (Bummi)
Fotopapier und Entwickler
Weihnachtsschmuck aus dem Erzgebirge

Verboten von Ost nach West
Jenaer Glas
Antiquitäten (erlaubt nur im staatlichen Handel mit Devisen gekaufte Ware)
Spargel
Zwiebeln
Bettwäsche
Federbetten
Handtücher
Kinderbekleidung
Schuhe
Damen- und Herrenoberbekleidung
lebende Tiere, z. B. Kaninchen zum Schlachten
frische Eier

Erinnerungen
Für unser 1965 erstandenes Auto, einen LADA, schickten uns unsere Freunde aus Jena ein Autokissen von der PGH Farbe und Glas mit der Aufschrift
Hast Wasser Du, Luft und Benzin,
vor jeder Fahrt sieh noch mal hin.

Jochen H., Berlin

Fleisch und Wurst durfte man nicht mit in den Westen nehmen. So hat meine Tante uns dick mit Schnitzel oder Schinken belegte Stullen mitgegeben, die wir als »Mundvorrat« immer durchbekommen haben. Zu Hause haben wir dann die nächsten Tage noch einiges fürs Schulbrot gehabt.

Tina K., Berlin

Westgeld war ja in den letzten Jahren die »heimliche« Währung in der DDR. Man bekam einen Handwerker schneller, wenn man mit Westgeld lockte. Meine Schwester schickte uns zum Fest manchen Fünfzigmarkschein in Wollknäueln – ganz geschickt und fast unsichtbar getarnt.

Martha K., Hennigsdorf

Kaffeedosen von Tchibo und Eduscho mit Weihnachtsmotiven wurden vor Weihnachten viel gekauft und in den Osten geschickt. Sie waren ebenso begehrt wie der Inhalt und standen später aufgereiht im Küchenregal.

Karin B., Berlin

Meine Nichten in Pankow sammelten Zuckerstückchen, bunte Servietten und Bierfilze, die wir ihnen aus dem Urlaub mitbrachten. Es war ein wenig »Kenntnis der großen weiten Welt« – wo man frühestens als Rentner hinkommen konnte.

Axel K., Berlin

Fakten

Bürger der Bundesrepublik und Westberlins konnten die Aufwendungen für Geschenksendungen in die DDR steuerlich absetzen. Dazu mußten die Paketabschnitte, eine Liste der geschickten Waren und der Absender beigefügt werden. Viele DDR-Bürger erfuhren erst nach der Wende von dieser Regelung, die Absender verschwiegen auch unter guten Freunden und Verwandten, daß sie einen (wenn auch geringen) Teil der Ausgaben vom Finanzamt erstattet bekamen.

Zu Weihnachten war das »Haus des Kindes« am Strausberger Platz ein beliebtes Einkaufsparadies für Spielzeug und Bekleidung. (Dezember 1965)

Politik *Ost / West*

Brandt fordert »geordnetes« Nebeneinander der beiden Teile Deutschlands, wird einstimmig zum Vorsitzenden der SPD gewählt. Erhard tritt zurück, Kiesinger wird Bundeskanzler, Brandt Vizekanzler und Außenminister. Studenten und linke Jugendorg. demonstrieren in Westberlin gegen Vietnamkrieg der USA. Passierscheinabkommen für Weihnachten, Neujahr, Ostern und Pfingsten unterzeichnet. Sowjetischer Düsenjäger stürzt in den Stößensee. Vietnamwoche gegen Engagement der USA in Südostasien. Dutschke ruft zur außerparlamentarischen Opposition auf.

West

Kino
West
Einer gegen Rom
Sie fürchten weder Tod
noch Teufel

Theater
West
Deutsche Oper *La Traviata*
Das Bügelbrett *Auf Gedeih
und Verderb*

Fernsehen
Ost
15.00 Uhr Onkel Toms Hütte
20.00 Uhr Musik und Spaß mit
Eberhard

West
15.30 Uhr Wir warten auf das
Christkind
21.00 Uhr In dulci jubilo

Was noch
West
Café Keese
Aus dem Gästebuch
*Für junge Damen ideal
Ist Café Keeses Damenwahl.
Drum prüfe, wer sich ewig bindet.
Bei Keese sich oft Beßres findet.*

Schlagzeilen
Defizit unterschätzt – Auch im kommenden Etat große Deckungslücken
Lebensmittel in Berlin noch teurer? – Reichsbahn erhöht Gütertarife im Interzonenhandel
Albertz: Geschäfte mit den Menschen machen wir nicht mit Regierungserklärung vor dem Abgeordnetenhaus

Preise
Löhne und Gehälter (durchschnittl.)
Stundenlohn in der Industrie zw. 3,87 und 4,09 DM
Frauen in der Süßwarenproduktion 2,84 DM
Es kostete durchschnittl. lt. Statistischem Landesamt
1 l Vollmilch 0,50 DM
1 kg Rindfleisch 5,91 DM
1 kg Mischbrot 1,16 DM
1 kg Zucker 1,23 DM
100 g Milchschokolade 0,79 DM
1 Herrenstraßenanzug 136,– DM
1 Damenkleid 62,– DM
1 Paar Kinderschuhe 19,80 DM
1 Straßenbahnfahrt 0,40 DM

Wünsche
Ich bin ein Tourist (Neger), 35 J., aus Amerika, klug, sichere Existenz, und su. zwecks Heirat die Bekanntschaft einer deutschen Dame, die etwas englisch spricht. Zuschr. u. HR 700 Berliner Morgenpost Berlin 11 Postf.

Erinnerung *West*

Meine Mutter wollte, daß wir auch einmal zum Fest einen amerikanischen Soldaten einladen. Es wurde immer dazu aufgerufen. Es war eine reine Katastrophe: er sprach nicht, aß nicht, trank nur Coca Cola und war froh, daß mein Vater ihn nach einer Stunde wieder in seine Kaserne in Zehlendorf zurückfuhr. Jedes Jahr haben wir uns daran erinnert und tüchtig gelacht.

Ines B., Berlin

1966

Ost

Schlagzeilen
Das All friedlich nutzen
Berlin protestiert gegen USA-Aggression – Solidaritätsveranstaltung in der Volksbühne

Kinder
Eine nicht alltägliche Weihnachtsfeier erlebten 100 Kinder von S-Bahn-Angestellten des Betriebsbereichs Erkner. Während sie in einem mit Tannengrün und bunten Märchenbildern geschmückten S-Bahnzug durch die Hauptstadt fuhren und sich an weiß gedeckten Tischen leckere Süßigkeiten schmecken ließen, ging Knecht Ruprecht mit kleinen Geschenken durch den Weihnachtszug.

Anzeigen
Kaufe Moped, Tel. 53 858 29

Damen-Unterkleider aus DEDERON. Staturgerecht durch neue Längenmaße, Größe 40–54, größter Brustumfang 88–130 cm.

Suche zum Abbau der Achterbahn auf dem Weihnachtsmarkt 20 Aushilfskräfte am 21.12., 18 Uhr.

Wetter *Ost / West*
Schwache Winde, bewölkt, zeitw. Niederschlag, z.T. als Schnee, tagsüber 1 bis 4 Grad, nachts leichter Frost.

Politik *Ost / West*
Anfang einer neuen aktiven Ostpolitik der Großen Koalition in Bonn. Schah-Besuch, Gegendemonstrationen in Westberlin, Benno Ohnesorg erschossen, starke studentische Unruhen und Solidarisierung in der BRD, Reg. Bürgermeister Albertz tritt zurück, Klaus Schütz (SPD) wird Nachfolger. VII. Parteitag der SED in Anwesenheit von Breschnew in Berlin. Große Feiern zum 50. Jahrestag der Oktoberrevolution in der UdSSR. Letzte Westberliner Straßenbahn, Linie 55, stellt ihren Dienst ein. Herbert Fechner (SED) wird Oberbürgermeister in Ostberlin.

West

Schlagzeilen
Weniger Steuern und höhere Einkommen –
Expertenrezept für neuen Wirtschaftsaufschwung
SPD ist gegen neue Atom-Trägerwaffen
Verteidigungsdebatte im Bundestag

Was noch
»Sieben Tage sowjetische Spitzenfilme« im Westberliner »Filmkunst 66«. Gezeigt werden die von der Bundesrepublik nunmehr freigegebenen Streifen, »Ein Menschenschicksal« nach der gleichnamigen Erzählung von Michael Scholochow sowie die älteren sowj. Filme wie »Die Lebendigen und die Toten« und »Wenn die Kraniche ziehn«.

Seit 16 Jahren einmalig in Berlin wird jeden Mittwoch, Donnerstag und Sonntag, traditionell und stimmungsvoll DIE FEUERZANGENBOWLE von der Wirtin Lilo Ruschin angezündet. Historischer Weinkeller, Alt-Pichelsdorf, nur 32

Kino
Ost
Maigret, sein größter Fall
Zwei ritten nach Texas

Theater
Ost
Deutsches Theater *Der Frieden* (n. Aristophanes/Hacks)
Die Distel *Requiem für alte Hüte*

Preise
Leberwurst einf. im Fettdarm 100 g für –,45 DM
Gulasch, 1a, frisch und mager 500 g für 2,80 DM
Deutscher Weißwein Liebfraumilch, 1/1 Fl. für 1,55 DM

Fernsehen
Ost
17.00 Uhr Schneewittchen und die 7 Zwerge
20.00 Uhr Hallo, Du altes Spree-Athen

West
19.30 Uhr Sportschau
20.05 Uhr Die Hochzeit des Figaro

Auch an Festtagen beschwerdenfrei essen!

Zu Feiertagen gehört auch gutes Essen. Gönnen Sie es sich ohne Angst vor Aufstoßen, Sodbrennen, Magendruck oder Blähungen. Unterstützen Sie Leber, Galle und Magen mit einem Likörglas Somara, dem Arzneikräutertonikum. In Apotheke, Drogerie u. Reformhaus

Somara natürliche Stärkung für Leber - Galle - Magen

1967

Ost

Schlagzeilen
UdSSR-Industrie weiter erstarkt
1,2 Mill. Besucher auf dem Berliner Weihnachtsmarkt

Anzeigen
CENTRUM
Damen Lederhandschuhe mit Futter ab 31,- M
Frottee-Kissen – Packung zum Aushäkeln m. Häkelgarn
ab 5,40 M

Verk. 2 Trauringe 585er, 9 mm, 500,- M. Tel. 27 51 1 22

Wünsche
Übernehme Arbeit für den 24. und d. 25. 12., Fahrerlaubnis
Kl. I und V., Zuschr. 1634 BZ Pavillon, 103 Berlin

2 staatl. gepr. Kesselwärter wünschen zwei gebildete
Damen bis 25 Jahre. An Anz. Hölzer, 1035 Berlin

INTERFLUG sucht für Mitarbeiter nichterfaßte möblierte
und Leerzimmer. Angeb. an Abt. Arbeit, Tel. 67 89 22 19

Was noch
Bereits über 50 000 Besucher wurden in der Sonderausstellung »1917–1967 – 50 Jahre Sowjetmacht« gezählt.

Meldung
Ihre Verbundenheit mit dem vietnamesischen Volk und
allen eingekerkerten Patrioten von Griechenland, Spanien
und Westdeutschland bewiesen Parteiveteranen aus Treptow. Sie überwiesen 73 000 Mark auf das Solidaritätskonto.

Wetter *Ost / West*
Sehr wechselhaft, vielfach stark bewölkt, gelegentl. kurze Schauer, tags 5–9 Grad,
nachts frostfrei.

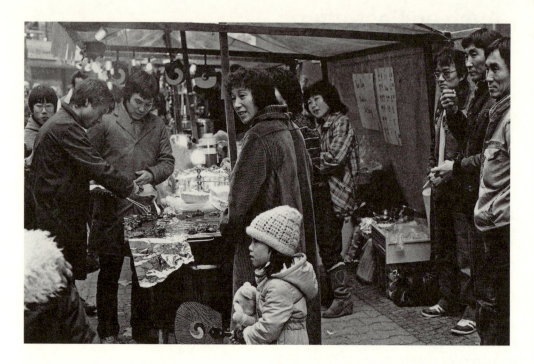

Anfang der siebziger Jahre entstanden in vielen Bezirken kleine »Kiez-Weihnachtsmärkte«, die bei den Anwohnern schnell beliebt wurden. Das Angebot umfaßte typisch deutsche Weihnachtsartikel, Glühwein und Schmalzstullen, aber auch Kreuzberger aus der Türkei und aus Südostasien boten Spezialitäten und Geschenke an. Ein fröhliches Multi-Kulti-Weihnachtstreiben auf dem Mehringplatz in Kreuzberg 1982.

Auf dem Weihnachtsmarkt in der Spandauer Altstadt: Leierkastenspielerin im Winter 1976.

Hier waren fleißige Bastelhände am Werk! Angebot von Wichtelmännern auf dem Rixdorfer Weihnachtsmarkt 1985.

Politik *Ost / West*

Volkskammer verabschiedet neues Strafrecht. Robert Kennedy und Martin Luther King ermordet, schwere Unruhen in den USA. Eröffnung der Neuen Nationalgalerie in Berlin. Internationaler Vietnam-Kongreß in der Technischen Universität gegen das Vorgehen der USA in Südostasien, 10 000 Menschen bei nicht genehmigter Demonstration in Westberlins Innenstadt. Attentat auf Rudi Dutschke. Bummelstreik der Beamten in der BRD für höheres Weihnachtsgeld.

West

Kino
West
Rosemaries Baby
Die vollkommene Ehe

Theater
West
Theater für Kinder im Reichskabarett *Die Reise nach Pitschepatsch*
Hebbel-Theater *Das Geld liegt auf der Bank* (mit Rudolf Platte)

Fernsehen
Ost
13.00 Uhr Das Haus auf dem Meeresgrund
20.00 Uhr Der 6. Juli – Ein Tag aus dem Leben Lenins

West
16.40 Uhr Schwarzer Peter
21.30 Uhr Nun soll es Frieden werden auf Erden

Was noch
West
Ein Tip:
Eislaufen im Europa-Center

Eierschale
Am Breitenbachplatz
Deck 1: 3 Dixilandbands
Deck 2: Beat aus England

Schlagzeilen
Grundsätzliche Zustimmung im Bundesrat zum Besoldungsgesetz
Progression des Weihnachtsgeldes auch in den nächsten Jahren
Rektorenwahl unter Polizeischutz
Wegen SDS-Drohung Geheimhaltung des Tagungsortes
Stadtkommandanten bekunden ihre Verbundenheit mit den Berlinern

Anzeigen
Man ißt wieder Wild
Hasenrücken, 1a poln. Qualität, 500 g für 3,95 DM
1a junger Prager Fasan, bratfertig in Poly verpackt
St. 9,95 DM

Es gibt keinen 32. Dezember
Wohnungsbauprämie sichern
Öffentliche Bausparkasse Berlin

Wünsche
Wer hat gut erhaltenes Klavier zu verschenken? Wird abgeholt! Angeb. W 1344 Der Tagesspiegel
1 Berlin 31, Uhlandstr. 137

Kinder
25 Waisenkinder aus einem Jugendheim werden am 27. 12. von der Konditorei TUMMESCHEIT beschert. Sie dürfen sich in dem Café in der Martin-Luther-Straße 82 satt essen.

Erinnerung *Ost*
Zum Jahresende wurden immer Urlaubspläne geschmiedet und im Bekanntenkreis nach Adressen von Privatvermietern gefragt. Begehrt war die Ostsee, aber während der Ferienzeit fast aussichtslos.
Hanna K. Berlin

1968

Schlagzeilen
Mit drei Astronauten zum Mond gestartet
Raumschiff »Apollo 8« auf dem Weg zum Erdtrabanten
BZ sucht Fernsehlieblinge 1968

Kinder
Veranstaltung mit Brummi und Schnurzel im Zauberland
Im KKH Weißensee

Anzeige
Verkauf auch außer Haus
Goldbroiler vom Grill
Frankfurter Allee 2 direkt am Frankfurter Tor
Öffnungszeiten im Dezember
Di–Fr. 10-20 Uhr, Sa–So 10-21 Uhr

Für die Hausfrau
400 000 Paar Mehrzweckschuhe für Damen und Herren, aus Cord und Strukturgewebe gefertigt, werden unter dem Namen »INTRA« zum Verkauf gelangen. Preis zw. 21,– und 24,– M.

Neu im Handel: KRIEPA-Wegwerf-Windeln aus Zellstoff mit Netzschlauch
Für junge Mütter eine Erleichterung der Arbeit

Wünsche
Verk. Nylonanzug, weiß, Import für Säugling, Gr. 2, 40,– M.
BZ Pav. 108 Bln.

Was noch
An einer »Conkordia-Tombola« nahmen kürzlich 500 Berliner teil, deren Vorschläge die Verkaufskultur in den Kaufhallen verbessern halfen.

Wetter *Ost / West*
Schwacher bis mäß. Wind, stark bewölkt, leichter Schneefall. Tags –3 bis 0 Grad, nachts –1 bis 4 Grad.

links
In jedem Jahr, hier 1971, wurde die Fassade des „Kaufhauses des Westens" aufwendig und liebevoll dekoriert.

oben
Begehrliche Blicke in das Schaufenster eines Spielwarengeschäftes in Charlottenburg. Das Wirtschaftswunder ließ kaum einen Wunsch unerfüllt.

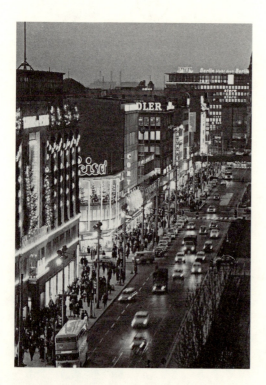

»Kannst kommen!«
Zeichnung: Karl Schrader

links
Die Tauentzienstraße im Lichterglanz und Weihnachtschmuck 1969.

oben
»Süßer die Kassen nie klingen«. Kaufrausch im KADEWE zu Weihnachten 1969.

links
Was darf es denn zu Weihnachten sein? Ein unübersehbares Warenangebot in einem Berliner Kaufhaus im Dezember 1969.

WEIHNACHT IM KaDeWe

Ein Bummel durch unser festlich geschmücktes Haus wird zu Ihrem schönsten Erlebnis

Unser großes Warenangebot dient allen Ihren Wünschen

Erweitern Sie diesen Bummel durch unser KaDeWe *Möbelhaus* am Wittenbergplatz

Berlin geht ins

FESTLICH KÖSTLICH

KaDeWe
LEBENSMITTEL-ABTEILUNG
IM 6. STOCK

DAS GRÖSSTE KAUFHAUS BERLINS

KaDeWe

TE UNGARISCHE
AMI
»Pick«, im Aufschnitt
100 g **1,45**

TER PARISER
LLSCHINKEN
r, saftig, im Aufschnitt
100 g **1,50**

TER HOLSTEINER
TENRAUCHSCHINKEN
gesalzen, mild,
fschnitt
100 g **1,95**

HTES BÜNDENER
DENFLEISCH
s für Kenner,
gehobelt, in Scheiben
100 g **3,50**

66er BEAUJOLAIS
ATEAU DE VAURENARD
. Orig. Abfüllung
lation contrôlée
1/1 Fl. **5,95**

64er THORIN
ATEAU DE JACQUES
. Orig. Abfüllung
lation moulin - a - vent contrôlée
1/1 Fl. **7,95**

INTREAU 40 Vol.%
eur extra dry,
gute Geist der HAUSBAR
1/1 Fl. **11,95**

GNAC
EMY MARTIN V.S.O.P.
Champagne Cognac
1/1 Fl. **15,50**

NEST SCOTCH WHISKY
D SMUGGLER
ahre alt - 43 Vol. %
1 Ltr. Fl. **17,50**

LEBENDE
SPIEGELKARPFEN
das traditionelle Festessen!
 500 g **2,45**

HOLLÄNDISCHE
JUNGE PUTEN
bratfertig, gefroren, H. Kl. A
500 g **2,25**

POLNISCHE
HAFERMASTGÄNSE
bratfertig, gefroren, H. Kl. A
500 g **2,50**

SCHWEINESCHINKEN
frisch, ohne Bein, mager
500 g **3,75**

Vom frischen Abschuß –
aus deutscher Jagd!
REHKEULEN
ein köstlicher Wildbraten!
500 g **7,95**

RINDERFILET
gefr., beste Importqualität
500 g **9,—**

FEINSTER OSTSEE-
RÄUCHERLACHS
In Scheiben, zart, fett, anerkannt
mild, für verwöhnte Feinschmecker
100 g **7,—**

GÄNSELEBER-PARFAIT
stark getrüffelt, in Riegelform,
eine auserwählte Delikatesse
100 g **9,50**

FEINSTER OSTSEE
RÄUCHERAAL
Blankaale vom frischen Fang,
für Kenner eine Delikatesse
500 g **12,5**

Weihnachten West – Konsum und Anti-Weihnachten

»Und dann kam das Wirtschaftswunder.« Ende der fünfziger Jahre quollen die Kaufhäuser zu Weihnachten über. Kein Weihnachtswunsch blieb unerfüllt, denn die Werbung lockte: Ohne Anzahlung, erste Rate in drei Monaten. Das Fest erstickte im Konsumrausch, familiäre Traditionen gingen verloren, und Christi Geburt wurde zum Vorwand.
Proteste gegen den Vietnamkrieg und die Welle der außerparlamentarischen Opposition schufen ein »Anti-Weihnachts-Klima«. Die Polit-Barden Degenhardt und Süverkrüp sangen »garstige« Weihnachtslieder, und Langhaarige schockierten in den Fußgängerzonen die Passanten mit Parodien auf alte Gesänge wie »Süßer die Kassen nie klingen« oder »Oh du fröhliche, o du selige / dollarbringende Weihnachtszeit / Geld ward geboren / Märkte erkoren / pleite, pleite die Christenheit«.

Proteste gegen Aufrüstung und die Mahnung »Kein Kriegsspielzeug unterm Tannenbaum« brachten Unruhe in die häuslichen Weihnachtsvorbereitungen. In Westberlin breitete sich heftige Empörung aus, als am Heiligen Abend 1967 eine Gruppe von SDS-Mitgliedern begann, während des Weihnachtsgottesdienstes gegen den Vietnamkrieg zu protestieren. Als Rudi Dutschke versuchte, von der Kanzel zu den Gottesdienstbesuchern zu sprechen, kam es zu einer Rangelei. Die politischen Spannungen nahmen nach diesem Vorfall erheblich zu. Ein Tabu war gebrochen.
Väter und Mütter der neugegründeten Kinder- und Schulerläden versuchten, das Weihnachtsfest mit revolutionären Erziehungszielen zu verändern. Knecht Ruprecht mit Rute und Drohgebärden wurde als angsteinflößender Stellvertreter der elterlichen Autorität entlarvt. Viel Spaß hatten Kinder, wenn sie mit ihren Sprüchen und Liedern die Erwachsenen schocken konnten. Der liebliche Spruch vom Advent und den brennenden Lichtlein erhielt einen neuen Text. »Advent, Advent – ein Kaufhaus brennt, erst eins, dann zwei, dann drei, dann vier, dann stehen die Bullen vor der Tür.«
Die aufmüpfigen Kinder und Jugendlichen hatten ihren Spaß, jedoch an den Grundfesten des Festes wurde nie gerüttelt. Am Weihnachtsabend saßen sie, Kekse knabbernd – wie alle in der Stadt –, friedlich unterm Weihnachtsbaum.

Erinnerung

In meiner Studentenzeit machten wir so allerlei »Weihnachtsulk« in unserer Wohngemeinschaft. Endlich wollten wir mal anders feiern als bei den Eltern mit Kirchenbesuch und Weihnachtsgans. Ich rief zu Hause in Münster an, ich käme diesmal nicht, ich wolle mich aus der familiären Umklammerung befreien.
Kurz vor Weihnachten aber schlug mein Gewissen, und ich beschloß, die Familie doch mit meinem Besuch zu überraschen. Die Überraschung war auf meiner Seite. Ich stand am 1. Weihnachtstag vor verschlossenen Türen. Meine Eltern hatten kurzfristig eine Reise in den Süden gebucht.

Harald S., Bonn

„DRAUSSEN VOM WALDE KOMM ICH HER..

„ICH KANN EUCH SAGEN, ES IST EIN MALHEUR!—
ALL ÜBERALL AUF VERFAULTEN TANNENSPITZEN
SAH ICH CADMIUM UND QUECKSILBER BLITZEN! —
UND DROBEN AUS DEM HIMMELSTOR
   RIESELT LEISE SAURER REGEN HERVOR!

Politik Ost / West

Willy Brandt als Bundeskanzler einer SPD-FDP-Koalition will Verständigung zw. Ost und West, erstes Gespräch zw. Brandt und Stoph. BRD und Polen nehmen pol. Gespräche zur Verbesserung der Beziehungen auf. Lebensstandard der DDR wird auf $^2/_3$ der BRD geschätzt, Arbeitsmarkt der BRD erreicht Rekord mit 861 000 offenen Stellen und 1,5 Mill. Gastarbeitern. Fernsehturm in Ostberlin beherrscht mit 365 m das Gesamtbild der Stadt. Seit 61 fielen in Vietnam 40 800 Amerikaner und 200 000 wurden verwundet. Millionendemonstrationen in USA gegen Vietnamkrieg.

West

Kino

Ost

Das Märchen vom Zaren Saltan
Im Himmel ist doch Jahrmarkt

Theater

Ost

Die Distel *Hier hab ick mal Murmeln gespielt*
Deutsche Staatsoper *Der Barbier von Sevilla*

Fernsehen

Ost

16.40 Uhr Towarisch Berlin
20.00 Uhr Einmal im Jahr – Schlager auf Schlager (Farbsendung)

West

15.15 Uhr Weihnachten in Bethlehem
20.05 Uhr Wladimir Horowitz spielt

Schlagzeilen

Racksen und Rennen – zum Fest völlig abgeschlafft. Ärzte warnen vor dem Weihnachtssyndrom
Evangelische Kirche ist wegen Austritten in Gefahr

Meldungen

Kein Licht am Kurfürstendamm
Eine Weihnachtsfestbeleuchtung am Kurfürstendamm wird es in diesem Jahr nicht geben. Wie aus der Senatswirtschaftsverwaltung mitgeteilt wurde, konnten die Lieferfirmen die Termine nicht einhalten. Statt dessen sollen 15 große Weihnachtsbäume auf dem Kurfürstendamm einen Hauch von Festlichkeit verbreiten.

Vier Wildschweine sind in den vergangenen Tagen von den Förstern im Grunewald geschossen worden. Der Abschuß fällt unter den amtlichen Begriff der Schadwildbekämpfung. In jedem Jahr kommen Beschwerden über umgepflügte Gärten und Kleingartenparzellen.

Preise

1 ganze Schlackwurst, Fränkische 1a-Qualität im Fettdarm, 100 g Preis –,98 DM

Anzeigen

Schwedenfilme von Privat, Tel. 77 35 44 2

Benzin 49,9
Super 54,9
TAGA Huttenstr. 21

Humor

»Du trinkst ja schon wieder den Weihnachtsrum«, sagt Frau K. ins Zimmer tretend und sieht ihren Gatten zusammenzucken.
»Aber nein,« sagt Herr K. schlau, »es ist Weinbrand super.«
»Laß mal kosten«, fordert Frau K., trinkt und röchelt. »Das ist ja grauenhaft!«
»Siehst Du«, sagt Herr K. schwermütig, »und Du denkst immer, ich trinke aus reinem Vergnügen.«

1969

Schlagzeilen
Energiewirtschaft arbeitet ohne Pause
DDR unterstützt den gerechten Kampf der Araber

Anzeigen
Die Sowjetunion – Das größte Reiseland der Welt
Auch im Jahr 1970 für Touristen aus der Deutschen Demokratischen Republik 100 verschiedene Reisekombinationen: Erholung in den schönsten Badeorten des Schwarzen Meeres, Camping in den schönsten Gegenden der Sowjetunion, Sie können das Leben von allen 15 Unionsrepubliken kennenlernen.
INTOURIST – Vertretung in der Deutschen Demokratischen Republik

Kombinat VEB Kabelwerk Oberspree stellt ab sofort ein: Arbeitskräfte (männl. und weiblich) zum Anlernen als Anlagenfahrer an hochmodernen Kabelmaschinen. Wir bieten umfangreiche Qualifizierung, betriebseigene Ferienheime an der Ostsee und im Gebirge, Sportanlagen, Naherholungsstätten, Bootshäuser, betriebseigene Klubhäuser mit interessanten und Zirkeltätigkeiten, Betriebsgaststätten mit Wahlessen, modern eingerichtete Poliklinik. Bewerbung an Kabelwerk Oberspreewerk.

Erinnerung
Zu Weihnachten bei meinen Großeltern in der Friedrich-Engels-Straße: zum Mittag Kaninchenbraten mit Sahnesoße, zum Kaffee selbstgebackenen Marmor-Kuchen, abends Heringssalat und Würstchen. Dazu Bockbier und Eierlikör nach Omas Rezept. Wir Kinder durften die Gläser auslecken. Für mich die schönsten Erinnerungen!
Carola S., jetzt Los Angeles

Wetter *Ost / West*
Schwach windig, keine nennenswerten Niederschl. Tags –2, nachts bis –9 Grad.

Stille Nacht, Heilige Nacht

Stille Nacht, heilige Nacht!
Weihnachtsgeld wird gebracht
durch Herrn Ruprecht vom Lo-hohnbüro.
Schweigend geht die Belegschaft auf's Klo,
zählend, wieviele Krümel
gnädig vom Herrntisch gefalln.

Stille Nacht, heilige Nacht!
Lichterbaum angemacht.
Und ein liebliches Liedlein gesingt!
Und ein Eierlikörchen getrinkt!
Und die Kinder geprügelt,
bis sie hübsch andächtig sind.

Gute Nacht, peinliche Nacht!
Fernsehspiel ausgemacht.
Und im Magen ein flaues Gefühl,
weil die Liebe nicht hochkommen will.
Noch zwei Nächte zum schlafen.
Dann wieder rin in' Betrieb!

Stille Nacht, heilige Nacht!
Weihnachtsfest rumgebracht.
Großes Gähnen im Portemonnaie.
Überstunden tun immer noch weh.
Falschen Frieden auf Erden
feierten wir mit dem Herrn.

Text: Dieter Süverkrüp
Musik: Stille Nacht, heilige Nacht.
Aus: Politische Lieder 1970/71
ARBEITSKREIS PROGRESSIVE KUNST
Oberhausen 1971

Eine Berliner Spezialität: Verkehrspolizisten –hier Tauentzienstr., Ecke Nürnberger Straße – durften noch im Jahre 1955 kleine Geschenke von den Berlinern als Dank für ihre Arbeit annehmen. Später verbot der Senat die Annahme von Geschenken an Polizisten, ebenso für Mitarbeiter der Berliner Stadtreinigung.

Politik *Ost / West*

Beginn der konsequenten Entspannungspolitik im Rahmen des atlant. Bündnisses. Im Bericht zur Lage der Nation spricht Brandt von zwei Staaten auf deutschem Boden. Beginn der Berlingespräche zwischen den Botschaftern der 4 Siegermächte, führen 1972 zum Berlin-Abkommen. Brandt und Ministerpräs. Kossygin unterschreiben Gewaltverzichtsvertrag zw. BRD und UdSSR. DDR wird von zahlr. Staaten anerkannt. Wegen Tagungen der Bundestagsausschüsse in Berlin nehmen die Störungen auf den Transitwegen von und nach Berlin zu.

West

Kino
West
Charlie Brown und seine Freunde
Als die Frauen noch Schwänze hatten

Theater
West
Schaubühne am Halleschen Tor
Die Mutter
Theater am Kurfürstendamm
Schneewittchen (m. Onkel Tobias)

Fernsehen
Ost
12.40 Uhr 12 Tage in Weiß –
Winterurlaub im Vogtland
21.00 Uhr Konzert in Sanssouci

West
14.30 Uhr Reinecke Fuchs
20.00 Uhr Ansprache des Bundespräsidenten

Was noch
Ost
1000 Sterne sind ein Dom –
Vorweihnachtliches Konzert im Jugendklub »Artur Becker«

Schlagzeilen
Nach Gomulkas Sturz weitere Veränderungen
Brandt für permanente Konferenz über Berlin

Für die Hausfrau
»Beidhändiges Trinken« empfohlen
Ein Test mit Versuchspersonen zwischen 20 und 40 Jahren hat ergeben, daß die objektiven und subjektiven Auswirkungen kräftiger Spirituosen herabgemildert werden, wenn gleichzeitig »Sangrita« – ein alkoholfreier Gewürzcocktail – getrunken wird. Heute steht schon fest, daß man durch »beidhändiges Trinken« das Ansteigen der Blutalkoholkurve beträchtlich mindern kann, meint der »Sangrita«-Hersteller Riemerschmid.
(Kundenzeitschr. der EDEKA, Dez. 1970)

Meldungen
Futter für die Tiere
Kamel und Lama auf dem Bauernhof. Der Berliner Circus Renz ist bei einem Bauern in Alt-Lübars ins Winterquartier gegangen. Die Vorweihnachtszeit wurde zur Geldsammlung in den Geschäftsstraßen der Innenstadt genutzt, wobei jeweils Ponys oder Esel Hilfsdienste leisten.

Weihnachtsurlauber gefaßt
Nach kurzer Verfolgung stellte ein Polizeimeister gestern früh in der Leibnizstr. einen 18jährigen nach einem versuchten Autodiebstahl. Der Polizeimeister hatte den Dieb auf einem Parkplatz überrascht. Der 18jährige war Insasse der Jugendstrafanstalt Plötzensee und hatte Weihnachtsurlaub.

Humor
Was sollen Axt und Sägemesser,
Du Strolch, in deiner rohen Faust?
Die Kiefer für drei Mark ist besser
Als eine Tanne, die du klaust!
(Eulenspiegel Nr. 48, Dezember 1970)

1970

Schlagzeilen
Solidarität mit Angela Davis
Verpflichtungen zur Planerfüllung

Anzeige
»Olymp« hat das, was die Haut braucht
Kamillen-Creme
40 g-Dose zu 1,60 M erhalten Sie in guten Fachgeschäften

Meldung
Revierförster Siegfried Schulz aus Berlin-Rahnsdorf antwortet:
»Was tun Sie gegen Weihnachtsbaumdiebstähle im Wald?«
»Wir stinken gegen sie an! Bereits im Vorjahr hatten wir gute Erfolge mit einer für den Wuchs unschädlichen Chemikalie, mit der wir von Forstdieben besonders frequentierte Kiefernschläge einsprühten. Das Zeug haftet an den Ästen und verbreitet einen penetranten Geruch, der sich in der warmen Wohnung sogar noch intensiviert. Was meinen Sie, was das für ein Fest unter einem gestohlenen Baum wird!«
»Werden uns dann die Wälder nicht auch anstinken?«
»Nein, die Wirkung verfliegt mit der Zeit, im Frühling duften die Wälder wieder nach Kiefernnadeln und Holz.«

Zweckdienlicher Hinweis
Entgegen anderslautender Vermutung ist das Auftreten von Brot und Brötchen im Straßenbild – besonders gehäuft in der Nähe von Berliner Schulen – nicht auf Qualitätsmängel im Backwerk zurückzuführen. Die in Butterbrotpapier gewickelten Weg-Werfstullen weisen lediglich daraufhin, wie dick es manche zu Hause haben müssen.

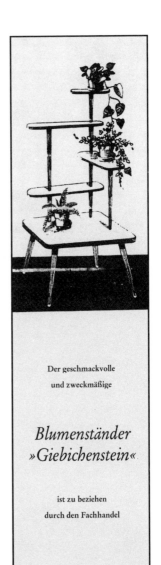

Der geschmackvolle und zweckmäßige

Blumenständer »Giebichenstein«

ist zu beziehen durch den Fachhandel

Bezugsnachweise gibt

ALBERT BUSCH KG
402 Halle (Saale)
Marx-Engels-Platz 22

Wetter Ost / West
Mäßiger Wind, stark bewölkt, geringer Schneefall, tags –2 bis –5 Grad, nachts bis –10 Grad.

Absurdes Weihnachtsgeschenk

Waagerecht: 1. Ausgeprägter Faktor eines Exquisit-Weihnachtsmannes, 4. Tabaksorte eines Weihnachtshagelschauers, 7. schüchternes Kind, das sich vorm Aufsagen eines Weihnachtsgedichts fürchtet, 8. Lieferant für den begehrten Weihnachtspelzmantel, 11. Perspektive des Weihnachtsbaum-Veterans, 12. während der Festtage voraussichtlich mit Rotwein und Sekt gefüllte industrielle Anlage, 13. Opfer übertriebener Weihnachts-Sentimentalität, 15. griechischer Kollege der heiligen drei Könige, 19. kriminelles Verhalten, das ziemlich milde beurteilt wird, wenn es sich auf die vorzeitige Erkundung mußmaßlicher Weihnachtsgeschenke beschränkt, 20. fehlender Effekt einer kaputten Weihnachtspyramide, 21. absurdes Weihnachtsgeschenk, 22. Dramengestalt Ibsens, der ein richtiger Weihnachtsmann fehlte, 23. weihnachtliches Marzipan, das bereits an zahlreichen Stellen angeknabbert ist, 24. Weihnachtstischkollektiv.

Senkrecht: 1. Weihnachtsgeschenk eines Installateurs, 2. Weihnachtsgeschenk für ein Spatzenkind, 3. Weihnachtsgeschenk für einen Häftling, 4. Organisator einer spontanen Weihnachtsfeier, 5. Weihnachtsstollen-Zutat, 6. i-Punkt des Weihnachtsfestes, 9. Bezeichnung für die weihnachtliche Unart, fünf Pfund Konfekt innerhalb einer Viertelstunde zu verzehren, 10. wohltuendes Surrogat für weihnachtlichen Verwandtenbesuch, 14. Prosadichtung einer Weihnachtsagave, 15. wichtiger Körperteil beim Verzehren einer zähen Weihnachtsgans, 16. seltener Vorname eines altgriechischen Weihnachtsmannes, 17. Teil der weihnachtlichen Hasenkeule, 18. Herkunftsort eines etwas anrüchigen Weihnachtspakets, 19. Schutzengel und Weihnachtsmann der Horoskopgläubigen.

Die »Jahresendflügelpuppe« und Versuche, das Fest zu politisieren

Bei den Vorarbeiten zu diesem Buch tauchte immer wieder der Begriff »Jahresendflügelpuppe« auf. Fast jeder der befragten Berliner kannte dieses Wortungetüm. Einer beschrieb es so: Im Osten erhielten die traditionellen Weihnachtsengel diesen Namen, um sich von den damit verbundenen religiösen Vorstellungen abzugrenzen.
Nur eine einzige Ostberlinerin erinnerte sich, eine engelsähnliche, in Stanniol verpackte Figur gesehen zu haben, bei der am Fuß ein Schildchen »Flügelpuppe« angebracht war. Im Westen wurde der Name durch zahlreiche Medienberichte, die die antireligiöse Einstellung der DDR belegen sollten, allgemein bekannt.

Weihnachten war auch im Ostteil vor allem ein privates Fest, die Politik blieb an den Weihnachtstagen außen vor. Zwar wurden bereits in den fünfziger Jahren Vorschläge für Weihnachts- oder Winterfeiern bei den Jungen Pionieren entwickelt, die eine Abkehr vom religiösen Hintergrund zur Feiergestaltung im Sinne der sozialistischen Ideologie vorsahen.
Neue Symbole sollten christliche Traditionen ersetzen. Das Jolka-Fest, in der Sowjetunion 1917 als Ersatz für das russisch-orthodoxe Weihnachtsfest erfunden, sollte übernommen werden und Väterchen Frost den Weihnachtsmann ersetzen.
Informationsschriften für Pionierleiter und gelegentliche Notizen in den DDR-Jugendschriften wurden in den westlichen Medien sofort aufgegriffen und jahrelang verbreitet und überbewertet. Das veranlaßte Lehrer einer Ostberliner Schule, sich gegen den Vorwurf zu wehren, in der DDR würden keine alten Weihnachtslieder mehr gesungen und das Christkind sei verboten. (Neues Deutschland, 23.12.1949)
Im Vordergrund der Weihnachtsfeiern in der DDR stand stets der Friedensgedanke des Festes und nicht der religiös-historische Hintergrund. Der neue Weihnachtsmythos der SED sei nicht aus Versatzstücken der Vergangenheit, sondern aus Zukunftsvisionen zusammengesetzt. »Zum ersten Mal in der Geschichte besteht (…) die Chance, daß die Forderung ›Friede auf Erden‹ zur Wirklichkeit wird – nicht durch den Gesang der Engel, sondern durch die Stärke der siegreichen Arbeiterklasse und den Willen der organisierten Friedenskräfte.« (Neues Deutschland, 25.12.1957)

Die Betriebs-Weihnachtsfeiern waren ein fester Bestandteil des Lebens im Sozialismus. Häufig wurde mehrmals gefeiert: Im Kindergarten, in der Schule, im Patenschaftsbetrieb, Kulturbund usw. Alle genossen fröhlich die freien Stunden und Tage mit gutem Essen, Musik und Tanz. Man kam sich näher, ungestüme Lebenslust verbreitete sich, hin und wieder endete die Feier in einem Besäufnis.

Erinnerung

Über die Feiern im Betrieb möchte ich nicht reden, aber was wir in die Brigadetagebücher geschrieben haben, war doch immer sehr geschönt.

Bernd. H., Berlin

Zur Feier gehörte der Weihnachtsbaum, häufig mit Weihnachtspyramiden und Schwibbögen. Schön geschmückt und von beachtlicher Größe zierte er jeden Weihnachtsmarkt, und später standen silbrig und golden dekorierte Bäume im Foyer des Palastes der Republik. Junge Pioniere sangen hier Jahr für Jahr alte und neue Weihnachtslieder. Wie im Westen waren auch in Ost-berlin die Kirchen am Heiligabend reichlicher gefüllt.

Erinnerung

Wir gingen sonst nie in die Kirche, aber Weihnachten schon, da war alles so feierlich! Und was sollten wir denn auch bis zur Bescherung mit den Kindern machen?

Karin B., Berlin

In Berlin äußerst selten! »Weiße Weihnachten« bei festlicher Beleuchtung auf dem Kurfürstendamm im Dezember 1978.

Politik *Ost / West*

In Ostberlin gibt es 464 000 Wohnungen, in Westberlin ca. eine Million. 3.9.: Transitabkommen unterzeichnet, Verkehr soll in »einfachster, günstigster und schnellster Weise« abgewickelt werden. Langwierige und zähe Verhandlungen über Abkommen zur Erleichterung im Besucher- und Reiseverkehr zwischen Westberlin und DDR-Regierung. Ulbricht tritt zurück.

West

Schlagzeilen
Im nächsten Jahr steigen die Preise um vier Prozent –
380 000 Beschäftigte weniger
Textilhandel hofft auf Schnee – Kein Boom im Wintergeschäft
Farbfernseher als Geschenk gefragt

Für die Hausfrau
Gloria
Fertige Backmischung für alle Hefekuchenarten
500 g nur 1,40 DM, enthält die wichtigsten und besten Zutaten

Kino
Ost
Entehrt (1931, mit Marlene Dietrich)
Heidi

Theater
Ost
Deutsche Staatsoper *Falstaff*
Berliner Puppentheater *Der kleine Muck*

Das Geschenk 1971
HiFi-Life
Braun audio 310
1895,– DM
Sie entscheiden selbst, ob Sie zu Hause 1. Klasse leben. Das neue Braun HiFi Steuergerät audio 310 schafft Voraussetzungen dazu. 4 Wellenbereiche, VKW Scharfabstimmung, moderne Form, einmalige Leistung. Wir sind überzeugt, das ist das Geschenk für Sie.

Fernsehen
Ost
18.45 Uhr Der gestohlene Weihnachtsbaum
20.00 Uhr Liebesträume – Glanz und Einsamkeit des Komponisten Franz Liszt

West
10.30 Uhr Die roten Schuhe
22.25 Uhr (F) Historisches Konzert in Versailles

Meldungen
Der Deutsche Gewerkschaftsbund (DGB) hat an alle Gewerkschaftsmitglieder appelliert, ausländische Arbeitnehmer zu Weihnachten zu sich nach Hause einzuladen. Auch diesmal hätten wieder viele Gastarbeiter keine Möglichkeit, zu ihren Familien und Verwandten zu fahren.

Direkt aus Ost-Berlin
Zwischen beiden Teilen Berlins können Ostberliner jetzt auch von öffentlichen Telefonzellen für Selbstwählferngespräche mit Westberliner Teilnehmern telefonieren. Nach Vorwahl der Nr. 849 kann der Westberliner Teilnehmer direkt angewählt werden.

Humor
Sternstunde
Hotels und Kneipen haben
dichtgemacht.
Kein Stuhl, kein Strohsack und
keine Liebesmöbel!
Da! Wie ein Stern in kalter
Winternacht
Strahlt silberhell die Stimme von
Frank Schöbel!
(Eulenspiegel Heft 51, Dezember 1971)

1971

Ost

Schlagzeilen
Mit dem Mandat des Volkes – 2. Tagung der Volkskammer
Unser Ruf dem Freund Leonid Breschnew zum 65. Geburtstag
Reiseverkehr DDR–VR Polen: ab 1.1.1972 entfällt die Paß- und Visapflicht

Anzeige
Silka Hauben
Gegen Staub, Fliegen und Bakterien
Eine Hausfrau kann einfach alles unter die Haube bringen, was morgen wieder auf dem Tisch stehen soll.

Was noch
Im Berliner Restaurant »Moskau« unweit des Alex wurde eine Weinstube im altrussischen Stil eröffnet. Wandbehänge russischer Volkskunst und rustikale Sesselbezüge schaffen eine angenehme Stimmung. Kellner in Russenblusen servieren Spezialitäten wie Grusinisches Huhn, Kirgisisches Schaschlik und Kiewer Hühnerkotelett. Jede Woche wird eine neue Getränke- und Speisekarte erstellt.

Anzeige
Biete Bungalow Berlin Müggelheim, 2 Zi., suche 2–3 Wochen nördl. Mecklenburg Juli/Aug. 1972 ähnl. oder 2/2 Bettz. Angeb. BZ Pav. 1056 Berlin, PF 915

Wetter *Ost / West*
Keine klaren Wintertage in Sicht – von weißer Weihnacht keine Spur.

Politik *Ost / West*
Steinstücken erhält Straßenverbindung nach Zehlendorf. Westberliner erhalten Möglichkeit, innerhalb von 3 Monaten neunmal Ostberlin und die DDR zu besuchen. Viermächteabkommen von den USA, Frankr., Großbr. und UdSSR unterzeichnet, es sichert die Bindungen Westberlins an die BRD, ermöglicht Reisen in die DDR und erleichtert Transitverkehr Berlin-BRD. Einrichtung ständiger Vertretungen.

Kino
West
Is was, Doc
Graf Porno und seine Mädchen
(im Autokino Walterdorfer Chaussee)

Theater
West
Schaubühne am Halleschen Tor
Fegefeuer in Ingolstadt
GRIPS-Theater *Mannomann*

Fernsehen
Ost
18.50 Uhr Unser Sandmännchen
21.25 Uhr (in Farbe) Nacht der Prominenten – Gem. Prod. des DDR Fernsehens und des VEB Zentralzirkus

West
11.30 Uhr (F) Das feuerrote Spielmobil
21.35 Uhr Manche mögens heiß

Was noch
Ost
»Verflixt noch mal«
Vorstellung der Gruppe Zauberkunst im Haus des Lehrers, Theater im 12. Stock

West
HEBBEL-Bar
Privat-Club, Witzlebenstr. 38
Die Bar des Herrn
Die Weihnachtsfeiertage und Heiligabend ab 21 Uhr geöffnet

West

Schlagzeilen
Aktion »Rettet Hertha« läuft an
Dem Kanzler war es Jacke wie Hose – Bei Heinemann: Brandt trägt eine Mischung aus Frack und Cut
Juwelenraub im Hilton
ARD bittet ihre Kunden zur Kasse

Meldung
Foto-Radio-WEGERT
WEGERT hat sich zum Fest eine besondere Überraschung für 200 Berliner einfallen lassen. Ohne jegliche Verpflichtung können sie in WEGERT-Häusern eine BAUER-Star-Super-8-Filmkamera ohne Gebühren zur Probe ausleihen.

Preise
SPREEKAUF, Dovestr.
2-Gang-Bohrmaschine, 13 mm Bohrfutter, Handkreissäge als Zusatzgerät, mit Koffer 107,50 DM

Für Kinder
Buchtip
»Michel in der Suppenschüssel«
von Astrid Lindgren

Anzeigen
Für Restaurantbetrieb »Zum Schinderhannes« Küchenhilfe gesucht, Arbeitszeit 8–17 Uhr, Teilkost, 1000 DM Brutto monatl., Sonnabend Ruhetag, Tel. 73 93 34

Weihnachtsgeschenk
Mercedes, 190 Dc, 64, TU 6/74
800,– DM, Berlin 42, Mariendorfer Damm 32

Erinnerung *West*

Als man wieder nach Ostberlin telefonieren konnte – es gab so Tricks, beim Besetztzeichen mußte man sofort auflegen und wieder neu versuchen –, haben wir den Hörer an den Plattenspieler gehalten und Heintjes »Oma-Lied« abgespielt. Eine Freude für die Lichtenberger Oma, die das Lied so gerne hörte, denn wir durften als ehemalige DDR-Flüchtlinge nicht in den Ostsektor.
Siegfried S., Hamburg, früher Berlin

Schlagzeilen
Beratung der Planentwicklung
Heine-Festakt in der DDR
UdSSR wird 50 – Die Verfassung der UdSSR garantiert die Rechte der Bürger
Frank Schöbel – Begehrter Sänger der Schlagerbühne

Anzeige
Verkaufe ein Elchgeweih (schädelecht)
Zuschr. an. KA 8942 Der Morgen 108 Berlin Postf. 1230

Humor
Männerpflicht
In zwei großen Einkaufstaschen
schleppt Herr Merkel Brot und Flaschen
und vom Fleischermeister Kaden
Wurst und dreizehn Rindsrouladen.
Merkel ächzt ob dieser Plage
und er stöhnt fast alle Tage:
Wär bloß mein »Trabant« zur Stelle,
mit ihm könnt ich auf die Schnelle
jedes Mal zum Einkauf starten!
Endlich ist es dann soweit,
Merkels Fahrzeug steht bereit!
Jetzt jedoch spricht er stets: Schade,
liebe Frau, du siehst ja: Grade
muß ich unsern Trabi waschen.
Drum trag Du mal schön die Taschen!
(Eulenspiegel Nr. 50, Dezember 1972)

Wetter *Ost / West*
Schwacher bis mäßiger Wind, teils wolkig, teils heiter. Tags -3 bis 0 Grad, nachts bis -6 Grad.

Andrang vor dem Pionierzentrum des Weihnachtsmarktes auf dem Marx-Engels-Platz. Im Hintergrund die Ruine des Berliner Doms im Dezember 1972.

Einkaufsbummel in der Karl-Marx-Allee im Dezember 1967.

Politik Ost / West
Schwere Ölkrise in Westeuropa und den USA wegen Lieferstopp der arab. Staaten. Generalkonsulat der UdSSR in Westberlin eingerichtet. Transitverkehr von und nach Berlin verläuft nahezu reibungslos. Wegen von DDR verdoppeltem Zwangsumtausch von 10,– auf 20,– DM geht Besucherzahl auf etwa 50% zurück. Jubiläumsfunkausstellung in Berlin (1923-73) mit tragbaren Farbfernsehern, Video-Kassettenrekorder etc. In der BRD werden erstmals pro Jahr mehr Damenhosen als -röcke verkauft. Ende des Vietnamkrieges.

West

Schlagzeilen
Jetzt fast alle Sendungen in Farbe
Bonn erwartet Anfang des Jahres 750 000 Arbeitslose
»DDR« darf sich nicht drücken. Schütz: Kein Herausmogeln aus Berlin-Vereinbarung

Anzeigen
Die Bundesregierung zur Lage: Trotz Ölkrise werden wir gut über den Winter kommen – wenn wir uns alle anstrengen.

Kino
Ost
West Side Story
Die dummen Streiche der Reichen

Verbringen Sie Ihren Weihnachtsurlaub im sonnigen Israel. 12 Tage Jerusalem mit der Möglichkeit zum Besuch der Heiligen Stätten ab 798,– DM.

Theater
Ost
Deutsches Theater *Der Frieden*
Deutsche Staatsoper *Der Nußknacker*

Cappuccino, Brandenburgische Str. 35
Weihnachtsmenü: Rahmsuppe von Heidemorcheln. Gebratene Weihnachtsgans mit Äpfeln, Burgunderkraut, Kartoffelklößen. Gefrorener Irish-Coffee. Preis 24,50 DM

Fernsehen
Ost
10.50 Uhr Onkel Stanislaus läßt bitten – Schlagerparade besonderer Art
19.30 Uhr Aktuelle Kamera

Ein schönes Weihnachtsgeschenk
Ausbildung von Kosmetik/Fußpflege durch Fachschule Danigev, Tel. 216 38 34

Preise
Durchschnittl. Mietpreise
City 2½-Comfort-Wohnung, ca. 450,– DM
Bezirke Neukölln, Kreuzberg mit Ofenheizung ca. 150,– DM
Wohnungen mit WBS, Warmmiete ca. 4,– DM pro qm

West
11.35 Uhr Alpenländische religiöse Volksmusik
20.15 Uhr Portrait eines Sängers – Dietrich Fischer-Dieskau

Erinnerung *Ost*
T-Shirt oder Nikki
Meine (West-)Tante wollte wissen, ob mir das »T-Shirt«, welches in dem Weihnachtspaket lag, gepaßt hätte. Wir haben lange überlegt, was sie wohl meinen könnte. Wir nannten die ärmellosen unterhemdähnlichen Stücke nämlich »Nikki.«
Tamara S., früher Lichtenberg

1973

Ost

Schlagzeilen
Sojus 13 mit 2 Kosmonauten an Bord umrundet die Erde
Unser Plan 1974 ist eng mit dem Leben verbunden
Konzerte des DDR-Rundfunks – »Dem Frieden die Freiheit« – Fünf Millionen für Solidarität
Gut versorgt für das Fest – 160 000 Stollen bisher ausgeliefert

Preise
Reglerbügeleisen BR 26 und BR 27
35,50 M

Anzeige
Ankäufe von Kuriositäten, Raritäten wie altertüml. Hausrat (Flohfalle, Kratzhändchen, Schröpfkopf, Feuerstahl, Zunderbüchse, Sanduhr, altes Hörrohr, große Hutnadeln, Löffelbrett u.a.)
Zuschr. bitte an KA 1355, Der Morgen, 108 Berlin, Pf. 1280

Was noch
Im Stadtbezirk Mitte haben am 24. 12. von 16 bis 24 Uhr folgende Einrichtungen geöffnet:
Kleine Speisegaststätte Köpenicker Str. 76, Café Weinberg, Gaststätte Fernsehturm, MITROPA am S-Bahnhof Friedrichstr., die Interhotels Stadt Berlin, Unter den Linden und Berolina.

Meldung
Der Weihnachtssonderzug der S-Bahn wurde in den vergangenen Wochen 25mal für Betriebskinderfeiern eingesetzt. Im nächsten Jahr ist eine Erweiterung der Sonderfahrten mit festen Routen und spezieller Betreuung vorgesehen.

Dem Züchter hilft der Puder-TROZ

Überall, wo pulverförmige Mittel zur Vernichtung von Schädlingen in der Tier- und Pflanzenzucht und zur Desinfektion von Kleintierställen gebraucht werden, ist der Puderzerstäuber TROZ einfach ideal. Der TROZ garantiert sparsamsten Puderverbrauch, pudert gezielt aus jeder gewünschten Richtung. Durch Einsatzschieber kann punktfein, hauchzart oder voll und kräftig gepudert werden, einfaches Nachfüllen durch angebauten Trichter, unverwüstlich, handlich, bequem.
Der TROZ-Puderzerstäuber ist in Drogerien, Samenhandlungen und Warenhäusern erhältlich. EVP 4,40 M

Wetter *Ost / West*
Wolkig, bedeckt, vereinzelt Regen oder Sprühregen, tags 2 bis 6 Grad, nachts Tiefstwerte von –2 bis +2 Grad.

Politik *Ost / West*
DDR vermindert den verdoppelten Zwangsumtauschbetrag. BRD erhöht den zinslosen Überziehungskredit (»Swing«) von 660 Mill. auf 850 Mill. Der Lebensstandard in der DDR ist weit höher als in der Vorkriegszeit und höher als in den übrigen Ostblockstaaten, allerdings um die Hälfte niedriger als in der BRD. Richtfest für den Palast der Republik. DDR nimmt jährlich 4 Millionen Kubikmeter Müll und Schutt aus Westberlin ab. Ständige Vertretung der Bundesrepublik bei der DDR in Ostberlin nimmt ihre Arbeit auf.

Kino
West
Robin Hood
Wer Gewalt sät

Theater
West
Renaissance-Theater *Harold und Maude*
Schiller-Theater *Die Gräfin von Rathenow*

Fernsehen
Ost
14.00 Uhr Ostseestudio Rostock – Großsegler hart am Wind. Mit der »Wilhelm Pieck« auf Regattakurs
21.35 Uhr Ponyweihnacht von Erwin Strittmatter

West
18.30 Uhr Weihnachten für Erwachsene
19.05 Uhr Für Gastarbeiter aus Griechenland

Was noch
West
Falkenseer Chaussee 217
Massage von 3 netten Mädels
Bis 2 Uhr nachts

Autogrammstunde mit Vico Torriani auf dem Spandauer Weihnachtsmarkt

West

Schlagzeilen
Bonn macht 1,73 Milliarden locker. Sonderprogramm für 300 000 neue Arbeitsplätze
Schmidt: Im Sommer sind wir über dem Berg
Mieterschutz in Berlin bleibt
Eine düstere Prognose – eine in Friedenszeiten beispiellose Wirtschaftskrise

Meldung
Die DDR nimmt unsere Abwässer
In der 7. Gesprächsrunde zwischen Bonn und Ost-Berlin wurde ein »anrüchiges« Geschäft beschlossen. Der Senat und die DDR unterzeichneten ein Abkommen über die Abnahme von jährlich 100 Millionen Kubikmeter Abwasserstoffe.

Preise
Baumkuchen mit Schokolade oder glasiert 100 g für 2,60 DM
Landbrot 1000 g für 1,55 DM

Meldung
Diebstähle vor Weihnachten
Zehn geräucherte Gänsebrüste wurden aus einem fleischverarbeitenden Betrieb in Wedding, Fennstraße gestohlen. Eine Edeltanne entwendete der Arbeiter Dietrich H. aus Britz vom Vorplatz eines Kaufhauses in der Karl-Marx-Straße.

Erinnerung *West*
Nachdem der Zwangsumtausch für Rentner wieder aufgehoben wurde, war es uns als Kleinrentner auch wieder möglich, unsere Verwandten im Ostsektor zu besuchen. Denn es gehörte dazu, viele »Westsachen« mitzubringen. Manche Ostler waren doch recht anspruchsvoll, nicht eine Billigsorte, sondern Jacobs-Kaffee mußte es sein.

Elvira K., Berlin

1974

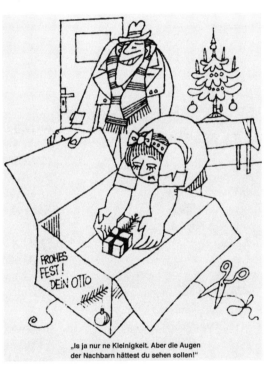

„Is ja nur ne Kleinigkeit. Aber die Augen der Nachbarn hättest du sehen sollen!"

Ost

Schlagzeilen
DDR Ministerratsvorsitzender Horst Sindermann besucht den Irak. Treffen mit Saddam Hussein
Kooperation im Kosmos. Das Sojus-Apollo-Test-Projekt
Filettierte Forelle in Sekundenschnelle. DDR-Köche und -Kellner beteiligten sich an der GASTROPRAG 1974

Preise
Phonokoffer Mister Hit 210,- M
Kassettentonbandgerät MK 25 für 505,- M

Wetter *Ost / West*
Tags 7 bis 11 Grad, nachts um 6 Grad, starker Wind um Südwest.

Politik *Ost / West*
Wettrüsten zw. Warschauer Pakt und NATO. Westberliner Zivilluftfahrt zieht von Tempelhof nach Tegel um. Vereinbarungen zwischen Senat und Ostberlin über zügigen Ausbau der Verkehrswege, die Transitpauschale wird auf 400 Millionen DM pro Jahr erhöht. Verhandlungen über Rettungsmaßnahmen in Berliner Grenzgewässern. Tiergarten, Wedding und Kreuzberg dürfen keine Ausländer mehr ziehen. Peter Lorenz entführt.

Kino
Ost
Wilhelm Pieck – Sohn des Volkes
Maschenka und der Bär

Theater
Ost
Kammerspiele *Das Jahrmarktsfest zu Plundersweiler*
Berliner Ensemble *Herr Puntila und sein Knecht Matti*

Was noch
Ost
Tanz unterm Tannenbaum
Am 1. Weihnachtstag in
Clärchens Ballhaus
104 Berlin Auguststr. 24
Tel. 28 29 295

West
Weihnachtsliedersingen mit Chören der drei Alliierten
(16. 12.) 19.45 Uhr Kaiser-Wilhelm-Gedächtniskirche

West

Schlagzeilen
Verkehrsgespräche mit der DDR vor dem Abschluß – Erneuerung der Helmstedt-Autobahn, Ausbau des Berliner Rings und neuer Übergang im Norden
Guillaume zu 13 Jahren Freiheitsstrafe verurteilt
DDR verfügt Zwangs-Adoptionen für Kinder von Flüchtlingen

Anzeigen
Heute kann sich jede Hausfrau über den
Idealen Geschirrspüler freuen
PRIVILEG-Luxus-Geschirrspüler
SL 612 von Quelle
Nur 798,– DM

REISEN ab Berlin
2 Wochen Flugreise
Costa Brava
Übern./Frühst. ab 257,– DM

Meldung
Keine Weihnachtszuwendung für Gefangene
Anläßlich der Etatdebatte im Abgeordnetenhaus bedauerte es Justizsenator Oxfort, daß es ihm durch die angespannte Haushaltslage in diesem Jahr unmöglich gemacht wird, den in den Anstalten des Landes Berlin arbeitenden Gefangenen eine Sonderzuwendung zur Ausgestaltung der Weihnachtsfeier zu gewähren. In früheren Jahren erhielten die Gefangenen einen Zuschuß zwischen 15,– und 20,– DM.

Ost

Erinnerung Ost
Westmützchen gefragt
Westbesucher trugen manchmal so lustige, bunte Strickmützchen, die meine Schwester und ich aus Wolle, die unsere »Westtante« schickte, nachstrickten und stolz trugen. Wir wurden oft darauf angesprochen und witterten einen kleinen Nebenverdienst. Und strickten eifrig. Verkaufen durfte man sie nicht, aber gegen eine »Bezahlung« mit Naturalien hatte niemand etwas. In einem Jahr haben wir uns sogar eine Reise an die Schwarzmeerküste »zusammengestrickt«.
Jana S., Potsdam

1975

Schlagzeilen
Ehrentitel »Held der Arbeit« von Erich Honecker an Generaloberst Erich Mielke
Freundschaftsvertrag mit der DDR in Moskau ratifiziert – Bruderbund zur UdSSR und DDR auf höherer Stufe
Plan der Hauptstadt für 1976 beschlossen

Kinder
Kinder freuen sich über »Bunte Milch in Tüten« mit Ananas-, Bananen- und Erdbeergeschmack.

Anzeige
Seminar der Fachschule für Außenwirtschaft su. Brigade d. Prod. mit Namen »Jenny Marx« zwecks Erfahrungsaustausch. D 20/6 104 Berlin Oranienburger Str. 54–56

Meldung
Festtagseinkäufe in Berlin
Im »Internationalen Buch« wurden an einem Tag 7000 Bücher verkauft. Auf den Sonderverkaufsstellen in der Berliner Markthalle wurden allein 6t Gänse, 5,5t Enten, nahezu 5t Hühner und bis zu 70t Südfrüchte verkauft.

Wetter Ost / West
+4 Grad, nachts wenig zurückgehend, stark bewölkt.

Politik *Ost / West*
Palast der Republik eingeweiht. Biermann ausgebürgert, Vorschläge des Senats zur Verbesserung des Besucherverkehrs werden abgelehnt, aber Vereinbarung über neuen Grenzübergang im Norden Berlins. Die Deutsche Reichsbahn erhöht den Fahrpreis der S-Bahn von 50 auf 80 Pfennige. Extrem heißer und trockener Sommer in West- und Mitteleuropa.

Schlagzeilen
35 Kugeln auf Berliner Kind
Kind klettert am hellen Tag über die Berliner Mauer und erreicht Westberliner Boden

Kino
West
Wunderbare Welt
Die Zauberflöte

Preise
Stundenlohn für männl. Industriearbeiter zw. 9,– und 10,– DM
Bruttomonatslohn für Frauen im Handel, Banken usw. zw. 1200,– und 2000,– DM

Theater
West
Deutsche Oper Berlin *Rosenkavalier*
Die Stachelschweine *Kein Märchen aus alten Zeiten*

Echter Steinhäger, 0,7 l Tonkrug 8,45 DM
Sauern mit Persiko
»Lenz« die Spitzenmarke 0,7l für 7,77 DM

Anzeige
Oben ohne oder FKK, Unterhaltungsdamen, 80,– bis 150,– DM Garantie. Tag- und Nachtschicht, bei Bedarf Kindergartenplätze (mietfrei Wohnen möglich), sucht »Die Schaukel«, Tel. 395 85 69

Fernsehen
Ost
16.00 Uhr Funde unterm Pflug – Für Freunde der russ. Sprache
20.00 Uhr Ein Kessel Buntes

West
15.50 Uhr Die Weihnachtsgeschichte
20.00 Uhr Kein Abend wie jeder andere (m. Heinz Rühmann und Peter Ustinov)

Was noch
Ost
Fritz-Cremer-Ausstellung im Alten Museum

Erinnerung *Ost*
Zu Weihnachten gehörte für unsere Familie immer ein Besuch im Palast der Republik. Man mußte rechtzeitig die Karten besorgen, was nicht immer einfach war. Wir haben dort Theater, Ballett, Musik usw. gesehen und gehört, das war immer sehr schön. Auch hat man sich damals festlich angezogen, was man so »Feines« hatte. Nach meiner Erinnerung nicht so viel Schwarzes, eher mal was »Glitzerndes« oder auch Sachen, die man z.B. aus Prag oder Ungarn mitgebracht hatte. Wenn ich heute an der Ruine vorbeigehe, bin ich immer ein wenig traurig, aber das darf man ja kaum sagen.   *Petra S, Berlin-Mitte*

1976

Ost

Schlagzeilen
Dieser neue Sieg erfüllt uns mit Freude und Stolz – Eindrucksvolles Solidaritätsmeeting an der Humboldt Universität
Das Jahr des IX. Parteitages

Preise
für Obst und Gemüse
Weißkohl kg für –,35 M
Kohlrabi o. Laub kg für –,30 M
Äpfel Auslese 1 kg für 2,15 M

Anzeige
JAWA 50 M 23 »Mustang«, EVP 1100,– M, auf Teilzahlung erhältlich. Techn. Daten: 1-Zylinder, 2-Takt-Motor, 4 DIN PS, Höchstgeschw. 60km/h, Telegabel und Hinterradschwinge, 3 Gänge

Wünsche
Jeansanzug bzw. -hosen (Import), jeweils Größe 48 u. 50 gesucht. Zuschr. an H 41 470 DEWAG Berlin

Wetter *Ost / West*
Tags meist stark bewölkt, neblig, Temp. zwischen 0 und 3 Grad, nachts +1 bis –3 Grad.

Politik *Ost / West*
DDR erhebt Straßenbenutzungsgebühr für Autos und Busse, die nach Westberlin fahren. 10 DM für PKWs, 200 DM für Busse. Rudolf Bahro verhaftet. Sowjets versuchen die west-alliierten Patrouillenfahrten in Ostberlin einzuschränken, verstärken jedoch ihre Fahrten in Westberlin.

West

Schlagzeilen
BVG-Beschäftigte müssen von Januar an länger arbeiten
Der Autobahn-Engpaß bei Helmstedt wird beseitigt
Zweimal Geldraub in Berlin – 1 Toter – Beute 1,9 Mill. DM
18jähriger ist das 81. Heroin-Opfer

Wunsch
Wem geht es wie mir? Lebe schon einige Jahre mit einer Frau zusammen (unverheiratet), aber schon lange nicht mehr glücklich. Keiner macht den Anfang, Schluß zu machen. Die Gewohnheit läßt uns zusammenbleiben. Ich versuche über dieses Inserat, ein neues Leben zu beginnen. Ich bin 48 J., 1,66, lebe auch sonst in geordneten Verhältnissen. Heirat möglich.
8651 Morgenpost Berlin 11, Postf. 110 303

Anzeige
Kreuzfahrt in das Land der Mitternachtssonne
13tägige Schiffsreise für Morgenpost-Leser ab 990,– DM

Preise
Mon Cherie, 150 g für 3,75 DM
Remy Matin, VSOP Cognac, 0,7 Ltr. Fl. für 23,98 DM

Was noch
Einmalig in Berlin: HAI-SHOW. Der 10 Meter lange WEISSE HAI (präpariert) und im größten Seewasser-Aquarium Europas LEBENDE HAIE. Neujahrsmarkt – Kaiser-Wilhelm-Gedächtnis-Kirche. Eintritt Erw. 3,– DM, Kinder 2,– DM

Meldung
Die Müllabfuhr holt nach Weihnachten die Bäume ab, aber bitte ohne Kugeln und Lametta!

Kino
Ost
Der blaue Vogel
Hilfe, mein Degen klemmt

Theater
Ost
Metropol-Theater *Cabaret*
Deutsche Staatsoper *Hänsel und Gretel*

Fernsehen
Ost
15.35 Uhr Pitti reist ins Koboldland
20.00 Uhr Ihr Wunsch bitte! Fernsehpapagei Amadeus serviert alte Schlagerhüte

West
11.00 Uhr Der Weg nach Bethlehem
22.10 Uhr L. v. Beethoven, Klavierkonzert Nr. 4 G-Dur

Was noch
Ost
Am 22. 12. festliche Premiere »Tannhäuser« in der Staatsoper Berlin

Erinnerung *West*
Unsere Verwandten schickten uns einen Kalender mit witzigen Zeichnungen aus der Zeitschrift Sibylle. Mein Vater war empört, denn dort war am 3. 1. der Geburtstag von Wilhelm Pieck vermerkt und am 15./16. wurde an Karl Liebknecht und Rosa Luxemburg erinnert. Er strich diese und ähnliche Angaben aus und markierte statt dessen »unsere« Feiertage wie etwa den 17. Juni. *Tanja S., Berlin*

1977

Ost

Schlagzeilen
88 Minuten Arbeit im freien Raum – Kopplungsgerät von Sojus 6 in bester Ordnung
Achtspurig über den Spittelmarkt – Neue Gertraudenbrücke übergeben.

Suche
Integralhelm und echte Jeans, Gr. 88, 8071 Berlin Verlag 1056 Berlin PSF 286

Kinder
Festliche Stimmung vor dem Fest verbreitete sich bei Familie Bock in der 7. Etage der Leipziger Straße 58. Die Urkunde zur Ehrenpatenschaft des Vorsitzenden des Staatsrates Erich Honecker für das 12. Kind der Familie wurde überreicht. Besonders gewürdigt wurde, daß die Eltern bemüht sind, alle zwölf Kinder – das größte ist 16 Jahre alt – zu sozialistischen Persönlichkeiten zu erziehen. Der Familie wurde ein Sparbuch über 500 M und ein Koffer mit Ausstattung überreicht. Die Familie wohnt in einer modernen 7-Zimmerwohnung mit 3 Toiletten, Dusche, Bad, Fernheizung und Warmwasser und bezahlt monatlich 39 Mark Miete.

Wir basteln einen Weihnachtsstern
Nehmt Silberfolie und schneidet einen Kreis aus. Faltet ihn so, daß acht gleichmäßige Felder entstehen. Schneidet nun die Linien bis knapp vor den Mittelpunkt ein (Bild 1). Nehmt einen Bleistift und rollt die Ausschnitte um die Spitze (Bild 2). Bild 3 zeigt den fertigen Stern, den Ihr an einem Faden aufhängen könnt. Für den Weihnachtsbaum fertigt verschiedene Größen an. Noch ein Tip: Ihr könnt auch einen Doppelstern basteln, indem Ihr zwei gleichgroße Sterne aneinander klebt oder die Spitzen des einen in die Zwischenräume des anderen schiebt.

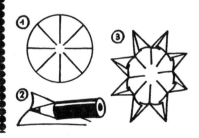

Wetter *Ost / West*
Ruhiges und mildes Wetter, meist bedeckt, neblig trüb, niederschlagsfrei, tags zw. 4 und 7 Grad, nachts zw. 0 und 4 Grad.

Im Angebot auf dem Weihnachtsmarkt 1977 am Alex: Rauchwurst, Currywurst und Broiler stillten jeden Hunger.

Treffpunkt auf dem Weihnachtsmarkt am Alexanderplatz zwischen Grunerstr., Alexanderstr. und Dircksenstr. im November 1975.

Politik *Ost / West*
Scharoun-Staatsbibliothek eröffnet. 10 000 VW Golf in die DDR eingeführt. DM entwickelt sich weiter zur heimlichen Zweitwährung. Proteste gegen überhöhte Preise in »Delikat«-Läden. Erstmals kirchliche Sendungen im DDR-Fernsehen. Systemkritiker Bahro zu 8 Jahren Freiheitsentzug verurteilt. Neues Verkehrsabkommen zw. DDR und Bundesrepublik verbessert Wasserwege und Ausbau der Autobahnen.

Kino
West
Zwei sind nicht zu bremsen
Asterix und Kleopatra

Theater
West
Deutsche Oper *Die Hochzeit des Figaro*
Schloßpark-Theater *Die Hose*

Was noch
West
Brücke Museum
Das Frühwerk von Ernst Ludwig Kirchner
Tägl. 11–17 Uhr, außer Dienstag

Erleben Sie ihr braunes Wunder!
In Berlin geht die Sonne auf!
Wo? In den Thermen am Europa-Center

Ost
Spritzeisbahnen können in Weißensee, Sportzentrum Rennbahnstr. und auf acht weiteren Sportplätzen in Berlin zu Weihnachten benutzt werden.

West

Schlagzeilen
Kaufhaus in Steglitz (Karstadt) ausgeraubt – Täter entkommen – Beute 1 Million
IG Metall fordert: 6,5% mehr Löhne und 6 Wochen Urlaub für alle
Chaos auf der Avus – Fahrt nach Dreilinden dauerte 2 Stunden – Stau über 8 km

Preise
Puszta-Enten
Bratfertig 1400 g, St. 7,77 DM

Meldung
Geschenke geben keine Geborgenheit. Der Bundespräsident appelliert zu Weihnachten an die Eltern: Den Kindern wieder mehr Zeit widmen.

Anzeigen
Original US-PUMP-GUN
Mit Zielfernrohr 4 x 15, für 100 Schuß Rundkugeln und Diabolo 4,5 mm, (frei ab 18 J.), nur 197,50 DM
Otto Boenicke-Filialen

Hausfrauen Club Berlin führt am 21. 12. um 14 Uhr eine Weihnachtsfeier im Seniorenwohnheim Stichstr. 1 durch. Bitte weiße Kerzen mitbringen.

Erinnerung *Ost*
Schlimm war es zu Weihnachten, wenn diejenigen, die Verwandte oder Freunde im Westen hatten, jede Menge Päckchen und Pakete bekamen. Und andere nicht! Es roch dann im ganzen Haus nach Eduscho-Kaffee, die Kinder knabberten Schokoriegel aus den Paketen, und manch neues Kleidungsstück wurde vorgeführt. Besonders für die Kinder war es schon eine schlimme Zeit, es gab Überheblichkeit und Mißgunst.
Herta S, Berlin-Mitte

1978

Mein neues Kriegsbeil funktioniert primal

Ost

Schlagzeilen
Volkswirtschaft der DDR entwickelt sich kontinuierlich
Mit guter Bilanz ins Planjahr 1979
Dank zum Jahresende an Grenzsoldaten
Dank an Erich Honecker für Solidarität in der DDR –
Yasser Arafat antwortete auf Grußbotschaft

Wünsche
Ök., FSA 76, (35 J.) su. inter. eigenverantwortliche Tätigk. außer Refüsta und allg. Verw.
Lux 278487 DEWAG

2 nette NVA-Angeh. suchen fürs Leben 2 nette liebevolle Frauen m. Inter. für Musik und Reisen. Wir sind lustig und humorvoll mit einem ernsten Kern.
BZ 2215 DEWAG 1054 Bln.

Wetter *Ost / West*
Milde Meeresluft zieht über das Gebiet der DDR, meist bedeckt, Niederschlag teils in Schnee übergehend, tags 4 – 5, nachts um 0 Grad.

Politik *Ost / West*
Zum 30. Gründungstag der DDR – Amnestie für 22 000 Inhaftierte. Große Militärparade in Ostberlin. Partei toleriert »Kirche im Sozialismus«. Bahro reist in die Bundesrepublik aus. Erste Hausbesetzungen in Westberlin. Erste Ausgabe der taz.

West

Kino
Ost
Schneewittchen
Cousin und Cousine

Theater
Ost
Friedrichstadtpalast *So sind wir*
Berliner Ensemble *Bezahlt wird nicht*

Fernsehen
Ost
11.05 Uhr Der Wolf und die sieben Geißlein
23.40 Uhr Bachwerke auf Silbermannorgeln

West
12.55 Uhr Berlin – das kommt mir türkisch vor
21.00 Uhr Die Glenn-Miller-Story

Was noch
Ost
Turmblasen vom Balkon des Köpenicker Rathauses
Mit dem Bläserkollegium Berlin
Am 22., 23. und 24. 12. um 16.30 Uhr

Der Tierpark ist an allen Weihnachtsfeiertagen und zum Jahresende von 8.00 Uhr bis zum Eintritt der Dunkelheit geöffnet.

Schlagzeilen
Die Preise für Lebensmittel laufen 1980 nicht davon
Dosenfleisch billiger zu Weihnachten
Für 200 Millionen bietet die »DDR« mehr Post-Service

Meldung
Weihnachtsbäume noch teurer als 1978
Fichten bis 1 m hoch 8,– bis 15,– DM
Bis 2 m hoch 13,– bis 28,– DM

Wünsche
Weihnachtswunsch! Suche einen netten verständnisvollen Lebenspartner zw. 43 und 48 J. Bitte kein Trinker. CT 9747 Morgenpost Berlin 11, Postfach 110 303

Kinder
Vermutlich weil Kinder mit brennenden Kerzen spielten, gerieten gestern Matratzen in einem Kinderladen in der Dresdener Str. (Kreuzberg) in Brand. Das Feuer griff auf Regale und Schränke über. Die Kinder konnten rechtzeitig aus dem brennenden Zimmer gebracht werden.

Preise
Käse-Sahne-Torte
tiefgefr. 700 g für 7,99 DM

Erinnerung *West*

Bei einem Besuch im Pergamon-Museum gab ich an der Garderobe meine Strickjacke, die ein sehr kompliziertes Muster mit Zöpfen und Rhomben hatte, ab. Die Garderobieren, die oft auch ein Strickzeug unter dem Tresen hatten, bewunderten meine Jacke und wollten wissen, wie man solche Muster strickt. Als wir später wieder zurückkehrten, zeigten sie mir zu meinem Erstaunen, daß sie sich das Muster auf einem karierten Bogen abgezeichnet hatten. »Das stricken wir nach. Schafwolle kann man sich in Ungarn oder Bulgarien besorgen.«

Susanne K., Berlin

1979

Schlagzeilen

Politik der Stärke ohne Perspektive – UdSSR-Außenminister zu den NATO Beschlüssen
8 154 387 Mark als vorläufiges Ergebnis der Solidaritäts-Aktion »Dem Frieden die Freiheit«
Bewegt nahm die Republik Abschied von Friedrich Ebert (gest. 4. 12. 1979)

Wünsche

Wissenschaftlerin, prom., kult. tätig, anschmiegsam, schlk., naturliebend, dkl., 1,68, Taillenweite 65, sucht liebenswerten Partner. 23 9694 BV 1056, Bln. PSF 286

Biete

1000 Stück Fliesen, gemustert, suche Heizkessel 1,7–1,9 qm. Wertausgleich. 237226 BV 1056 Bln. PSF 286

Tausche Loriot-Buch gegen Schrader oder Bidstrup, evt. Verkauf, und Fliesen gegen Tiefkühlschrank. Wertausgleich 236774 BZ 1056 Bln. PSF 286

Wetter *Ost / West*

Bedeckt, teilw. Schneefall mit Regen vermischt, Glatteisbildung, tags um 0, nachts bis –2 Grad.

Merkheft | **BERLIN**

für Besuche und Reisen von Personen
mit ständigem Wohnsitz
in Berlin (West) nach Ost-Berlin
und in die DDR

Antrag auf Einreise in die DDR Bitte mit Schreibmaschine oder in Blockschrift mit Tinte ausfüllen

für Personen mit ständigem Wohnsitz in Berlin (West)

1	2
3	4

Familienname | Geburtsname | männlich* | weibl

Vorname | Geburtsdatum und -ort | Familienstand

Wohnanschrift
Berlin (West)

Ausgeübte Tätigkeit

Beabsichtigte Aufenthaltsdauer in der DDR
von | bis | in (Ort, Kreis)

Grenzübergangsstelle | Nr. des Personalausweises (Reisedokumentes)

Mitreisende Kinder bis 16 Jahre (Name, Vorname, Alter)
nur auf dem Antrag eines Erziehungsberechtigten eintragen | Kennzeichen des Kfz

* Zutreffendes ankreuzen

3725652

ZOLL- UND DEVISENERKLÄRUNG
für Personen mit Wohnsitz außerhalb der DDR*

Inhaber des Personaldokumentes Nr. 2397022960

Bei der Einreise in die DDR mitgeführte Zahlungsmittel:

Währung	Betrag in Ziffern
80,– DM	

Zum Verbleib in der DDR bestimmte Gegenstände:

Bezeichnung	Anzahl/Menge
1x Sliwowitz	
1x 100g Gebäck/Schokolade	
Marzipan	
1000g Kaffee, 1x Filtertüte	
Obst (Clementinen, Bananen, Zitronen)	
Stammtafel, Baumkuchen/Zwieback	
Kopien für Familienchronik	

* Bitte zur Zollabfertigung bei der Ein- und Wiederausreise ausgefüllt bereithalten.

ZV 256

1x Stollen 800g (Weihnachten)
2x Stollen a 200g
600g Schokolade
300g Milchschokolade Riegel
200g Spekulatius/Gewürz
400g Marzipan
200g Weihnachtsgebäck
1x Filktüten
100g Kaffee
0,5 ltr. Cointreau
0,7 ltr. Cognac "Napoleon"
0,7 ltr. Rum
Papiertaschentücher, Haushaltsrolle
Zitronen/Clementinen/Bananen
1x Inhalatortopf
Stampfel Bernhardi/Wackel
Orjinall Kopien
Kopien Familienchronik
Wackel
1x Kinderhandschuh   Wackeln
2x Kleinmann Filter
1x Plastik-Brotbeutel

Ausreisekarte A

Familienname

Vorname

Geburtsdatum
Geburtsort

Wohnort   Berlin (West)

Straße   Haus-Nr.

PA-Nr.

Ausgeübte Tätigkeit

Anzahl der mitreisenden Kinder
bis zum vollendeten 16. Lebensjahr

Pol. Kennzeichen des Kfz.

E

A

Bitte bei Ausreise an der Grenzübergangsstelle der Deutschen Demokratischen Republik abgeben.

Politik *Ost / West*
Krise in der BRD, hohes Preisniveau, Wachstum geringer als 1979, Konjunktureinbruch, Erhöhung der Erdölpreise. Zahl der Besucher von West nach Ost geht drastisch zurück. Die DDR kann trotz weltweiter Rezession beachtliche Leistungsanstiege erzielen. Kongreßhallendach stürzt ein. DDR erhöht Zwangsumtausch auf 25,– DM. Mehr als 10% der Westberliner sind Ausländer.

West

Kino
West
Die Frau mit den 2 Gesichtern
Tränende Herzen

Theater
West
Theater des Westens *A Chorus Line*
Die Wühlmäuse *Total verrückt*

Fernsehen
Ost
15.25 Im Schlaraffenland – DDR-Fernsehfilm
21.50 Nacht der Prominenten

West
10.30 Uhr Pünktchen und Anton
22.30 Uhr Derrick

Was noch
Ost
Trabrennbahn Karlshorst,
Fr. 26.12., 11 Uhr
Insges. 9 Rennen,
Im Mittelpunkt – Festtagspreis

Schlagzeilen
Bei Schmidts gibt es Wurst und Kartoffelsalat
Wie Bonner Politiker das Fest verbringen – Loki schmückt den Baum
Trauerweide im Bundeskanzleramt als Weihnachtsbaum
Ballonflucht gescheitert – Sechsköpfige Familie aus Mecklenburg für 300 000 DM jetzt freigekauft

Anzeigen
Weihnachtskredite
Bankkredite bis 50 000 DM frei verfügbar ohne Ehepartner, ohne Bürgen. 100%ige Auszahlung, 1. Rate 1. Febr. 1981, auch Bargeld zur Bezahlung von Schulden.

Leute – Das ist der aktuelle Hit zum Weihnachtsfest
Walking Stereo
Cassettenrecorder Calypso nur 189,50 DM

Meldung
Häftlinge entlassen
Kurz vor Weihnachten wurden jetzt 67 ehemalige politische Häftlinge aus Ost-Berlin und der DDR in den Westen entlassen.

Erinnerung *Ost*
Wir bekamen sehr wenig Rente und haben uns sehr über Pakete, die uns ehemalige Hausbewohner aus Bremen schickten, gefreut. Besonders über Kaffee, Sahnesteif, Tortenguß und Tütensuppen. Das schmeckte doch ein bißchen nach »Westen«.
Gertrud und Helmut Sch., Berlin

1980

Ost

Schlagzeilen
Tiefe Trauer um Alexej Kossygin
Soziale Sicherheit für jeden DDR-Bürger
Facharbeiterbrief für Tausende Ausländer (aus Vietnam, Laos, Kuba, Angola, u. a.)

Wünsche
Suche Betonmischer, Kreissäge, Klinker, Bauholz, Tel. 64 57 8 79

Meldung
»Mach mit«-Zentren in Pankow gut genutzt
Acht »Mach mit«-Zentren und drei Reparaturstützpunkte stehen für ihre Eigeninitiative zur Verfügung. 55 578 Bürger ließen sich bis Ende November fachlich beraten und 1015 Hobbybastler nutzten die Werkstätten, um ihr Heim zu verschönern.

Kinder
Dringend! Su. Kinderautositz, schwarz, Gehrke 1197 Waldstr. 1

Mutti, draußen ist ein alter Herr, der möchte sicher zum Veteranenklub.

Wetter *Ost / West*
Stark bewölkt, Niederschlag, schw. bis mäßiger Wind, Höchsttemp. 1 bis 5 Grad, nachts 1 bis 3 Grad.

Prominenter Besuch auf dem Weihnachtsmarkt 1980 unter dem Funkturm: Bundesaußenminister Hans-Dietrich Genscher (links) und Wolfgang Lüder, Bürgermeister und Wirtschaftssenator.

Einmal Karussellfahren – Freude für die Kleinen auf dem Weihnachtsmarkt am Alexanderplatz im Dezember 1976.

Politik Ost / West

Banken und Politik-Skandal, Senat mit Reg. Bürgermeister Stobbe u. Harry Ristock treten zurück. H. J. Vogel wird neuer Reg. Bürgermeister, im Mai Neuwahlen. R. v. Weizsäcker neuer Reg. Bürgermeister. X. Parteitag – kontinuierliche Militarisierung der DDR. Militärische Übungen in Schulen, Wehrsportspartakiade. Gekaperte LOT-Maschine landet in Tempelhof. Ostberliner Dumpingpreise für Flugreisen sollen Westberlin Fluggäste entziehen.

Kino
Ost
Wir werden das Kind schon schaukeln
Das Beil von Wandsbek

Theater
Ost
Friedrichstadtpalast *Musik liegt in der Luft*
Theater im Palast *Was machen wir eigentlich Weihnachten?*

Fernsehen
Ost
15.05 Uhr Wir sprechen russisch
20.00 Uhr Die Kinder Palästinas

West
17.10 Uhr Hänsel und Gretel
22.00 Uhr Stern über Bethlehem

Was noch
Ost
Konzert »Rock für den Frieden« im Palast der Republik

West
Weihnachts-Selbsterfahrungs-Intensiv-Woche auf dem Land
26. 12. – 1. 1., Psychodrama, Bioenergetik ... und alles, was Spaß macht, DM 300,–
Tel. 0511/62 16 32

West

Schlagzeilen
UFA-Palast – es hat geklappt – Kino in der Fabrik eröffnet am 5. 12.
Wolfgang Neuss: Wo das Dogma herrscht, bleibt die Lust auf die Zahnlücke
Für ein atomwaffenfreies Europa – Friedensdemonstrationen in Ost und West
Kiez gegen Heroin – Info-Fete in SO 36

Anzeigen
Zu Weihnachten Verkauf von Lederrucksäcken, selbstgemacht. Sardinischer Stil, 50,– DM
Tel. 394 69 08

Jute statt Plastik
Schonung von Umwelt und Energie
»Besorgt nicht das Geschäft der Plastikriesen«

Meldung
Fast 56 000 Arbeitslose verzeichnen die Arbeitsämter der Stadt im November. Das ist eine Steigerung innerhalb eines Jahres um 60 %.

Kinder
Kinderkalender 1982
160 S., randvoll mit Comics, Spielen, Rätseln, Tips und viel über Popper, Punks, Liebe, Streit, Onanie, Instandbesetzungen, AKWs und Friedensbewegung und über Zara Durcheinander. DM 6,–
BASIS-Verlag, Postf. 645, 1000 Berlin 15

1981

Ost

Schlagzeilen
Ruf zur Solidarität fand millionenfaches Echo
Welche Zukunft hat die Straßenbahn?
LKW-Konvoi der SED erreichte Warschau – Containerzug
mit 130000 Päckchen aus Berlin

Anzeigen
Verk. Bauanleitung für Drechselbank 45 M.
Prescher, Babelsberg, 1502, Anhalter Str. 6

Verleihe neue Schreibmaschine
Conrad, 1125, Wartenberger Str. 6

Wer baut Gartenschaukel? Tel. 529 17 75

Kinder
Solidaritätspäckchen
Pioniere und Schüler der 22. Oberschule »Solidarität« in
Pankow halfen am Wochenende beim Fertigstellen der
Solidaritätspäckchen für polnische Kinder.

Meldung
Das Bowlingzentrum Rathausstraße teilt mit, daß die
Bahnbestellungen für 1982 bis 31. 12. beantwortet werden.
Interessenten, die bis zu diesem Termin keine Antwort
erhalten, müssen ihre Bestellung als abgesagt betrachten.

Für die Hausfrau
Zehn neue Kaufhallen in der Hauptstadt eröffnet

Wetter *Ost / West*
Geschlossene Schneedecke während der Feiertage, tags –3 bis –8 Grad, nachts bis –13 Grad.

Politik Ost / West
Besuch v. Ronald Reagan in Berlin. Sprengstoffanschlag auf israelisches Restaurant »Mifgasch« in Wilmersdorf. In Kirchen der DDR Unterschriftensammlung für »Berliner Appell – Frieden schaffen ohne Waffen«. Arafat in Ostberlin. Räumung von besetzten Häusern, Brandanschläge. Der neue Bundeskanzler Kohl besucht Berlin.

Kino
West
E. T. Der Außerirdische
The Wall

Theater
West
Schloßpark-Theater *Endstation Sehnsucht*
Kammerspiele *Momo*

Fernsehen
Ost
14.00 Uhr Die Kinder von den blauen Bergen
20.00 Uhr Tannhäuser

West
11.00 Uhr Katholischer Weihnachtsgottesdienst
20.15 Uhr Mozart

Was noch
Ost
Die »Hafenbar« nimmt tel. Bestellungen zur Nachsilvesterfeier am 1. 1. v. 20–4 Uhr unter Tel. 28 28 59 3 entgegen

Jugendstudio DT 64 bringt Rockmusik auf Samtpfötchen

Veranstaltungshinweis: Kurs »Marx und wir« beginnt im Klubhaus in der Schraderstr.

West

Schlagzeilen
Weihnachtsgeld – 10 000 Berliner Rentner kriegen weniger – Opfer neuer Sparmaßnahmen
Kohl strahlt: 3000 neue Arbeitsplätze für Berlin
Lilo Ruschin – Tod im Weinkeller
166 000 besuchten den Weihnachtsmarkt am Funkturm

Meldung
Seit Jahren war es in Berlin üblich, daß es kurz vor Weihnachten an den Türen der Hausbesitzer klingelte. Da standen zwei Müllmänner, die ein frohes Weihnachtsfest wünschten und gleichzeitig die hohlen Hände etwas vorstreckten. Jeder gab gerne einen kleinen Obolus, um den Männern für ihre Arbeit zu danken.
Damit ist jetzt Schluß. Arbeitssenator Wronski verkündet: Ab sofort ist es verboten, Geschenke und Trinkgelder anzunehmen. Dadurch erhofft er sich, die BSR nicht noch mehr in Mißkredit zu bringen.

Anzeige
Frische Briketts t 280,– DM
Eierkohlen t 500,– DM
Alles bei vollem Gewicht
Fa. Schmidt 49 39 05 55

Erinnerung *West*
Sie fragen mich, was von unseren Bekannten und Verwandten aus dem Osten zu Weihnachten geschickt wurde: Viel Kunstgewerbliches und Selbstgebasteltes: gedrechselte Leuchter, Holzteller, Kalender als Küchenhandtücher, Gläseruntersetzer aus Kunststoff und Bilder aus gebügelten Strohhalmen. Nußknacker, kleine Christbaumanhänger aus dem Erzgebirge, mundgeblasene kleine Glastiere, gehäkelte Topflappen. Und jede Menge Zierkerzen!
Hannelore F., Berlin

1982

Ost

Schlagzeilen
Sowjetvolk wird auch künftig Lenins Vermächtnis erfüllen
Stadtverordnete beschlossen Pläne für Berlin

Anzeige
Suche Rucksack mit Tragegestell. Tel. 21 10 09 80

Humor
Direkt ins Zimma
Von Paule Panke

Im Ofen riechts nach Jänsebraten.
Der schmurgelt leiste vor sich hin –
»Is denn det Vieh ooch gut geraten?«
so jehts der Mutta durch den Sinn.
Der Vata soll die Fichte schmücken –
er sorgt for Kugeln, Kerzenschein.
Lametta fällt, er muß sich bücken –
det sollen Weihnachtsfreuden sein?
Kathrinchen is nicht einzufangen –
se is wie imma uffgeregt.
Wie kann se an die Geschenke langen.
Sie sucht im Schrank janz unentwegt.
Der Dackel is auf seine Weise
voll Freude schon vor Festbeginn,
er bellt vagnügt, mal laut mal leise –
een Boom – direkt im Zimma drin.

»Ein Hobby meines Mannes, er wollte Chirurg werden!«

»Falls dir eine nicht gelingt…«

nachfolgende Seiten
Grenzpolizist am Sektorenübergang
Chausseestraße im Dezember 1962. Die
triste Stimmung durch die Mauer kann
auch ein weihnachtlicher Tannenbaum
nicht verändern.

Wetter *Ost / West*
Tags 1 bis 5 Grad, vereinzelt leichter Regen oder Niederschlag als Schnee, nachts 0 bis –5 Grad.

Politik *Ost / West*
Vize-Präsident Bush in Berlin, bestätigt Berlin-Garantien. 40 000 Berliner beteiligen sich an Ostermärschen gegen NATO-Aufrüstung. Weizsäcker trifft Honecker. Zunehmende Militarisierung der DDR (Wehrdienstgesetz). Starker Zulauf der Friedensbewegung (»Frieden schaffen ohne Waffen«). Gegen-Versuch der FDJ »Der Friede muß bewaffnet sein«.

Kino
Ost
Die Spaziergängerin von Sanssouci
Tatmotiv unbekannt

Theater
Ost
Theater im Palast *Ein Kessel Buntes*
Deutsches Theater *Rundköpfe und Spitzköpfe*

Fernsehen
Ost
11.30 Uhr Kirchliche Sendung
20.00 Uhr Der Staatsanwalt hat das Wort

West
14.15 Uhr Neues von der Katze mit Hut
20.15 Uhr Tod auf dem Nil (nach Agatha Christie)

Was noch
Ost
Wer betreut Amateurkabarett (Grundstufe gut) als musikalischer Leiter, Tasteninstrument Bedingung, Tel. 65 04 82 1

Führung durch das Schloß Friedrichsfelde im Tierpark täglich 13 und 15 Uhr

West

Schlagzeilen
Brandt hat heimlich geheiratet
Beamte sollen Beiträge für Pensionen zahlen
Verkehrsmuseum eröffnet
Bald kann jeder mit 59 Jahren in Rente gehen

Preise
Deutsche Markenbutter, 250 g – Stück 2,39 DM
Fenjala Cremebad türkis, 250 ml Fl. 9,99 DM

Meldungen
Mit 58 441 Anträgen in der Zeit vom 1.–12. Dezember ist die Zahl der Westbesucher, die einen Weihnachtsbesuch in Ostberlin oder DDR beantragt haben, um 50% niedriger als vor der Erhöhung des Zwangsumtausches im Oktober 1980.

Erich Honecker sandte eine Gratulation an Willy Brandt zum 70. Geburtstag.

Der »kleine Grenzverkehr« wird beim Weihnachtsservice der BVG groß geschrieben. Der 1. Bus startet am Heiligabend bereits um 5.55 Uhr von Wannsee nach Drewitz. Der letzte Bus geht von Drewitz nach Wannsee um 1.55 Uhr. Informationen über weitere Strecken unter 216 50 88.

Wunsch
Junges Mädchen, fast 18 J., aus gutem Elternhaus, mit Realschulabschluß und Handelsschule, wünscht sich sehnlichst einen Ausbildungsplatz als Arzt- oder Zahnarzthelferin. Tel. 66 35 57 3

Erinnerung *West*
Wir konnten dann auch zu Weihnachten unsere Freunde in Potsdam besuchen. Es fuhr ein BVG-Bus bis Drewitz, und nach der Kontrolle stieg man in einen DDR-Bus um. Das Umsteigen vollzog sich im Winter in tiefster Finsternis in einem völlig abgelegenen Waldstück direkt neben der Autobahn. Man merkte, daß man sich in einem anderen Land befand. *Peter K., Berlin*

1983

Ost

Schlagzeilen
Mehr Leistung auf Bahnhöfen und Schienen – Wettbewerbsprogramm beschlossen
Um das Essen auf dem Bau bemüht – Konsum Versorgungsbetrieb – als Imbiß auch Grilletas

Anzeigen
Empfehlungen für Geschenke in letzter Minute gibt es von 11 bis 17 Uhr im DFD Beratungszentrum Pankow, J. R.-Becher-Str. 2

Suche eiserne Bratpfanne mit Deckel und Christbaumständer zum Auffüllen mit Wasser.
Leuschner, 1017 K.-M.-Allee 81

Die Antiquitätengalerie Berlin
Kauft ständig Bauernmöbel und alten Hausrat wie Steingutgefäße, Gewichtsätze, Waagen, Gewürztöpfe, Bügeleisen, Kaffeemühlen und Gebrauchsgegenstände aus Zinn und Kupfer, Petroleumlampen
Staatlicher Kunsthandel der DDR
1035 Berlin, Finowstr. 1, Tel. 589 47 85

„Husch, husch, ins Pfännchen!"

Meldung
Der nächste Kaninchenaufkauf findet am Sonntag, 15. Januar, von 14 bis 17 Uhr in der Herzbergstr. 15 statt.

Wetter *Ost / West*
Wolkig bis bedeckt, gelegentl. etwas Regen oder Sprühregen, tags 4–8 Grad, nachts 1–6 Grad.

Politik *Ost / West*
Feiern zum 35. Jahrestag der DDR mit Militärparade. Deutsche Bank stellt Kredit von 950 Millionen bereit, DDR sagt Erleichterung im Reiseverkehr zu (z. B. Senkung des Mindestumtausches f. Rentner). 1984 verlassen 40 000 Ausreisende die DDR mit Ziel BRD. 1,6 Millionen Rentner besuchen die BRD. Westberliner S-Bahn von Deutscher Reichsbahn der DDR an Berliner Senat übergeben. Diepgen zum Reg. Bürgermeister gewählt. Zwischen Brandenburger Tor und Potsdamer Platz wird eine zweite Mauer gebaut. Eröffnung des wieder aufgebauten Schauspielhauses am Gendarmenmarkt als Konzerthaus. Mindestrenten in der DDR auf 300 M erhöht.

Kino
West
Die unendliche Geschichte
Carmen (v. Carlos Saura)

Theater
West
Schiller-Theater *Was Ihr wollt*
Vaganten Bühne *Es war die Lerche*

Fernsehen
Ost
12.00 Uhr Ich hab meinen Drachen entdeckt
20.35 Uhr Tagträume – Visionen in Oper und Rock

West
11.30 Uhr Joh. Brahms – Klavierkonzert
19.30 Uhr Vom Winde verweht, Teil I
21.15 Uhr Vom Winde verweht, Teil II

Was noch
West
100. Weihnachtswanderung durch den Grunewald
26.12. um 10 Uhr, Treffpunkt S-Bahnhof Grunewald

West

Schlagzeilen
Gänsebraten noch immer an der Spitze. Truthahn beliebt
Noch kein endgültiges Konzept für Bebauung des Kulturforums am Kemperplatz
Autofahren wird teurer
Auch Ost-Berlin rechnet mit AIDS-Fällen

Was noch
Mach Mit – Spare Miete
Die Mieterhöhungen in Altbauwohnungen zum 1. 1. 1985 sind falsch berechnet und deshalb unwirksam. Nehmen Sie Ihre Mieterhöhung genau unter die Lupe und lassen Sie sich die Wohnwertzuschläge 1984 zurückzahlen. Infomaterial und Musterschreiben bei Berliner Mietergemeinschaft e.V., Tel. 393 24 20

Preise
Frisches Argentinisches Rumpsteak 100 g für 2,99 DM
Span. grüne Gurken St. 1,29 DM

Erinnerung *Ost*
Zu Weihnachten haben wir
immer die Sendung mit Heinz
Quermann »Zwischen Frühstück
und Gänsebraten« gesehen.
Hannelore B., Berlin

1984

Ost

Schlagzeilen
Berlin-Nord erhält einen Waldgürtel – in diesem Jahr
50 Hektar Erholungswald aufgeforstet
Eine Wende zum Besseren ist möglich

Anzeigen
Für Liebhaber
Zimmerpalme mit 27 Wedeln, 600,– M
Tel. 37 27 63 9

Auch ein Vorsatz fürs neue Jahr
Wieder mehr lesen!
Mitteldeutscher Verlag, Halle, Leipzig

Meldung
Während der Weihnachtsfeiertage wird Hausmüll am
26. und 29. 12. abgefahren. Bei Schnee oder Eisglätte
sollten die Zugänge zu den Müllcontainern geräumt oder
abgestumpft werden.

Kinder
»Jugend singt Lieder zur Winter- und Weihnachtszeit« –
Der Kinder- und Jugendchor der Frankfurter Singakademie
singt im Hauptfoyer des Palastes der Republik um 15 Uhr.

Humor
»Ich will einen Spekulatius haben«, sagt Jennifer.
Die Mutter: » Wie sagt man diesen Wunsch?«
»Ich möchte einen Keks haben!«
»Wie fragt ein gut erzogenes Kind?«
»Darf ich bitte einen Spekulatius-Keks haben?«
Die Mutter: »Nein, wir essen gleich!«

*nachfolgende Seiten
Weihnachtsbaumkauf in Weißensee in
der Prenzlauer Promenade, 1980.*

Wetter *Ost / West*
Wolkig, bedeckt, 3 – 7 Grad, nachts wenig unter Null.

Politik *Ost / West*
Wahlen zum Abgeordnetenhaus, SPD unterliegt der CDU, Eberhard Diepgen (CDU) wird Regierender Bürgermeister. Anläßlich des 40. Jahrestages nach Kriegsende findet eine Annäherung der Evangelischen Kirchen in der DDR und BRD statt. Politische Komplikationen entstehen durch die Flucht von DDR-Bürgern in die Ständige Vertretung in Ostberlin und durch die Massenflucht in die Prager Botschaft der BRD (100 Personen). Michail Gorbatschow neuer Parteigeneralsekretär. Auf der Glienicker Brücke werden 25 Westagenten gegen vier Ostagenten ausgetauscht.

West

Schlagzeilen
Zahl der Verkehrsunfälle auf DDR-Transitstrecke gestiegen
Blindenhilfswerk warnt vor Händlern an der Haustür
Filmtheater in der DDR kämpfen ums Überleben

Kino
Ost
Kampf der Titanen
Der Schatz im Silbersee

Was noch
Als Geschenkidee
Benimm ist in
Sicheres Auftreten macht erfolgreich in Beruf und Privatleben. Wie man's richtig macht, zeigt Ihnen Irmgard Rühl an 10 geselligen Abenden im Hotel Kempinski.
Von der 1. Begrüßung bis zum Galadiner
Ton & Takt
Gesellschafts-Schule
Tel. 87 44 45

Theater
Ost
Komische Oper *Boris Godunow*
Berliner Ensemble *Bürger Schippel*

Fernsehen
Ost
13.00 Uhr Zwei Nikoläuse unterwegs
20.00 Uhr Alles singt unterm Tannenbaum

Wunsch
Lieber guter Nikolaus,
bring mir bitte bald ins Haus
einen lieben guten Mann,
der mich auch mal knuddeln kann.
Weihnachtsfrau, schlank, gutaussehend, wartet. TS 1110 alliance
1000 Berlin 31, Postfach 310 108

West
15.00 Uhr Was machst Du mit dem Knie, lieber Hans
20.15 Uhr Mary Poppins

Anzeigen
Dallmayer »Prodomo«
Spitzen-Kaffee
500 g-Dose 12,98 DM

Was noch
Ost
Schauspielhaus – Bachkonzerte
»Unser Mund sei voll Lachen«
und »Gott wie Dein Name, so ist auch Dein Ruf«

Gran Canaria
Anreise 4. 1. oder 11. 1. 86
1 Woche ab 945,– DM pro Person
Berliner Flug Ring

Erinnerung *West*
Zwölf Jahre lang haben wir einem schwer asthmakranken Kind unserer Freundin in Lichtenberg Medikamente zukommen lassen. Es durften ja keine Medikamente verschickt oder mitgenommen werden, außer für den eigenen Bedarf. Wir arbeiteten in einem Krankenhaus und konnten einen Asthmaausweis besorgen. An der Grenze haben wir die Packungen als Eigenbedarf deklariert, alles in Lichtenberg gelassen und dem Kind damit geholfen.

C. St., Berlin

1985

Ost

Schlagzeilen
666mal bessere Wohnungen durch Aktion der FDJ –
»Umgebaut und ausgebessert« mit großem Engagement
DDR und Polen bauen Zusammenarbeit aus

Anzeigen
Für ein Revuefilmprojekt suchen wir attr. Damen und Herren im Alter von 18 – 30 Jahren für mehrere kurze Einsätze.
Fernsehen der DDR, 1197 Bln., Abt. Heitere Dramatik, Str. am Flugplatz 8a

Sehr schönes Tüllbrautkleid, m 76, 200,– M
Falk, 1035 Bln., Pettenkoferstr. 4

Walkman, Ladegerät, Akkus 650,– M
Schriftl. an Hemke, 1020 Bln., Neue Blumenstr. 13

Moni, 32, 167, gesch., To. 7 J., sucht liebenswerten Freund für alle Lebenslagen
8153, 1140 Bln., Bärensteinstr. 22

Kinder
Geschenke werden heute ab 16 Uhr im Kreispionierhaus Winckelmannstr. 56 gebastelt.

Wetter *Ost / West*
Mild und unbeständig, tags zw. 4 und 10 Grad, nachts zw. 1 und 6 Grad.

Politik *Ost / West*
Die Abrüstungsverhandlungen zwischen Präsident Reagan und Parteichef Gorbatschow werden durch die KSZE-Schlußakte in Helsinki erfolgreich beendet. Senats-Korruptionsskandal, Rücktritt von Lummer, Vetter, Franke. Neuer Senat von Diepgen vorgestellt. Fünfjahresplan 86–90, XI. Parteitag. Stoph als Ministerpräsident bestätigt. Nach westlichen Beobachtungen sind 2,5 Mill. Bürgern der DDR »Westkontakte« verboten.

Kino
West
Der Name der Rose
Hannah und ihre Schwestern

West

Theater
West
Schaubühne *Der haarige Affe*
Theatermanufaktur *Der Friede*

Fernsehen
Ost
13.00 Uhr Der kleine Weihnachtsmann
20.30 Uhr Wunder der Prärie
(Walt Disney-Prod.)

West
12.35 Uhr Karpfen – Kuchen – Krippenbauen – Polnische Weihnachtsbräuche
19.00 Uhr HEUTE, anschl. Ansprache des Bundespräsidenten

Was noch
Ost
Weihnachtsliedersingen im Palast der Republik

Schlagzeilen
100 000 wollen zu Weihnachten in die »DDR«
Senat will Ausländer-Einbürgerungen erleichtern
Ausscheidende Beamte erhalten hohe Pensionen
AOK will Beiträge halten
Existenz von Moabiter Krankenhaus gesichert
Post: 1987 keine höheren Gebühren
Diepgen bittet GREPOS: Nicht mehr schießen

Preise
Durchschn. Einkommen (brutto):
Stundenlohn eines männl. Industriearbeiters 15–18 DM
Frauen in der Süßwarenherstellung 10,21 DM
Monatseinkommen für weibl. Angestellte in Handel, Banken usw. zw. 1500,– und 1900,– DM

Wünsche
Weihnachtsmann, 1,78, 36, noch alle Haare unter der Kapuze, schick, beruflich ausreichend Hunde vor dem Schlitten, hatte bisher keine Zeit, sich um einen Engel bis ca. 29 J. zu bemühen, evt. auch kl. Teufel angenehm. Kurzmitt. mögl. mit Bild, #76-4110 Morgenpost Berlin 11, Postf. 110303

Erinnerung *West*
Zeitschriften waren drüben sehr gefragt. In einen Adventskranz haben wir den »Spiegel« und ein »GEO«-Heft eingerollt mit nach drüben genommen.
Kai M., Berlin

1986

Ost

Schlagzeilen
Automatendreher gewinnen mehr produktive Zeit
Eisenbahn steht vor Spitzen im Jahresendverkehr
21 000 Personalcomputer für die Volkswirtschaft

Kinder
Im Pionierpalast Wuhlheide erfreuten sich Kinder über ein buntes Programm. Die Arbeitsgemeinschaft »Junge Talente« hatte ein Weihnachtsmärchen einstudiert, und der Chor sang bekannte Winter- und Weihnachtslieder. Die Kinder konnten kleine Geschenke wie Kerzen und Kartenspiele basteln. In der Schwimmhalle des Pionierpalastes wurden am 21.12. die 10. Berliner Pioniermeisterschaften im Streckentauchen und Flossenschwimmen ausgetragen.

Anzeigen
Su. alten Trenchcoatmantel
Liebig, Neue Schönhauser Str. 9, 1020 Berlin

Frau mit Katze, 26. J., su. engag. Mann mit intellektueller Anspruchshaltung
B 5556 BV Pf. 23, 1056 Berlin

Wetter *Ost / West*
Bedeckt, kurze Aufheiterungen, geringer Schneefall, tags −2 bis −6 Grad, nachts bis auf −10 Grad.

Politik *Ost / West*

750 Jahr-Feiern in Ost und West. Diepgen und Honecker laden sich gegenseitig zum 750-Jahr-Jubiläum in Berlin ein, Honecker sagt ab. Besuch des Bundespräsidenten v. Weizsäcker in der UdSSR. Stahl- und Kohlekrise. Bei Ausschreitungen am 1. Mai in Berlin-Kreuzberg 300 Polizeibeamte verletzt, Millionenschäden. Reagan besucht Westberlin und fordert vor dem Brandenburger Tor den Abriß der Mauer und eine friedliche Berlinpolitik von Gorbatschow. Westberlin wird über 200 km Glasfaserkabel mit anderen Teilen der BRD verbunden. Schnurloses Telefon eingeführt.

Kino
Ost
Zimmer mit Aussicht
Amadeus

Theater
Ost
Berliner Ensemble *Baal*
Maxim Gorki Theater *Die Preußen kommen*

Fernsehen
Ost
11.00 Uhr Märchen der Welt –
Hodja und der fliegende
Teppich
20.50 »Daß die Erde allen bleibt«

West
15.00 Uhr Die Kinder von
Bullerbü
20.45 Uhr Sturm im Wasserglas

Was noch
Ost
Rentnerschwimmen am 27. 12.
von 8–9 Uhr in der Halle
»Helmut Behrendt« Marzahn

Schlagzeilen
Ein Drittel des DDR-Waldes ist geschädigt
Weltweite Bankenkrise befürchtet

Meldungen
Mauer wurde höher
DDR-Bautrupps haben die Aufstellung einer Wand aus Kieselwaschbetonplatten vor der Mauer am Brandenburger Tor fortgesetzt. Durch die neue, etwa 90 m lange Wand, die in das tags zuvor gegossene Betonfundament eingesetzt und in der alten Mauer verankert wurde, liegt die Mauerkrone nun etwa 50 Zentimeter höher.

»Unsterbliche« Tannen aus Taiwan
10 000 Plastikbäume werden zum Weihnachtsfest jährlich exportiert
Nach Pinien duftende Erzeugnisse entstehen in Heimarbeit

Anzeige
Die Geschenkidee
Feinschmecker-Angebote vom KaDeWe
KaDeWe-Weihnachts-Hausplatte
festlich angerichtet auf Edelstahl-Schmuckplatte,
59,– DM pro Person

Erinnerung *Ost*
Als Rentnerin konnte ich regelmäßig meine Verwandten in Westberlin und auch in München besuchen. Mein Schwiegersohn, fast zwei Meter groß, arbeitete beim Forstamt und wünschte sich einen richtigen, wasserfesten Lodenmantel. In München habe ich in einem Trödlerladen einen riesigen Mantel erstanden und während der Kontrolle bei Helmstedt angezogen. Ich bin 160 cm groß! Da war ich die beste Schwiegermutter, die es gab!
Gertraud U., Berlin

1987

Ost

Schlagzeilen
1988 wird die WBS 70 Berlin voll eingeführt – Bauarbeiter beschlossen Wettbewerbsziele
Michail Gorbatschow von Erich Honecker in Berlin herzlich willkommen geheißen
Per Geldkarte geht's ohne Wartezeit – 48 000 Berliner nutzen bereits Bankautomaten

Für die Hausfrau
Die »Flinke Jette« am Alex bittet wegen knapper Lagermöglichkeiten, reparierte Schuhe unverzüglich abzuholen.

Anzeigen
Verk. tragbaren Radio-Kassettenrek. Stereo SANJO
800,–M Tel. 4389246

A & V An- und Verkauf Zingster Str. 4, 1093 Berlin,
kauft an:
Tafelgeschirr, Glas, Porzellan, Kristall, Keramik,
elektronische Haushaltsgeräte – Kühlschränke,
Waschmaschinen, Kaffeemaschinen,
Taschenrechner, Radio und Fernsehgeräte,
Spiele aller Art

Wetter *Ost / West*
Wechselhaft, gelegentlich Niederschläge, tags 1 bis 7 Grad, nachts um 0 Grad.

Weihnachtsbaum in der Galerie Nierendorf

Jedes Jahr schmückt der Galerist Florian Karsch in der Charlottenburger Hardenbergstraße einen phantastischen Weihnachtsbaum. Tausend kleine Wunderdinge und 12 Dutzend Kerzen hängt er in die Zweige einer dreieinhalb Meter hohen Tanne. Ehefrau Inge versieht jedes Glöckchen, Sternchen und jede Kugel mit einem schwarzen Seidenfaden, und Florian Karsch klettert unzählige Male auf eine hohe Leiter, um alles an seinen Platz zu hängen. Ist alles fertig, dann lädt das Ehepaar Freunde, Kunden und Künstler ein, um sich mit ihnen über den Baum zu freuen. Viele Besucher bringen selbstgebastelten Weihnachtsschmuck mit, den sie dann gleich in die Zweige hängen. So wird der Baum von Jahr zu Jahr prächtiger.

Weltbekannt als Symbol des »freien« Berlin: Die Schöneberger Sängerknaben schmettern Weihnachtslieder vor der Freiheitsglocke im Schöneberger Rathaus.

Politik *Ost / West*
Nach 4 Jahre dauernden Verhandlungen zwischen dem DDR-Staatsratsvorsitzenden Honecker und dem Berliner Regierenden Bürgermeister Diepgen wird der Vertrag über den Gebietsaustausch (z.B. Lennédreieck am Potsdamer Platz) unterschrieben. Der Berliner Senat zahlt 6 Millionen DM. Einrichtung der »Umweltbibliothek« in der Ostberliner Zionskirche. Zunehmende Behinderungen von Kirchenbesuchern in Ostberlin – »Kirche von unten«.

Kino
West
Die Kommissarin
Die Mafiosi-Braut

Theater
West
Theatermanufaktur am Hallesschen Ufer *Turandot* (Brecht)
ICC *Evita*

Fernsehen
Ost
11.00 Uhr Die verzauberten Brüder
21.00 Uhr Die Weihnachtsgans Auguste

West
18.00 Uhr Lindenstraße
22.40 Uhr A Chorus Line

Was noch
Ost
Domvesper am 23. 12. mit Werken von Bach und Reger im Berliner Dom

West
Moskauer Staatszirkus
Festplatz Lützowplatz

West

Schlagzeilen
Großer Ansturm in Marienfelde
Eine Überraschung nach Art des Landes – 90 DDR-Bürger durften vor Heiligabend ausreisen
Berliner geben 700 Millionen für Geschenke aus
Schwere Vorwürfe gegen Verfassungsschutz – Schweigegelder für ehemalige V-Männer
10 000 Studenten in der Innenstadt – Friedliche Proteste gegen Studiengebühren
Vor der Staffelei ist die Malerin einsam – Hildegard Knef präsentiert ihre Bilder im Hotel Berlin

Preise
Rosinenstollen mit Butter, 100 g, 1,40 DM
Gulasch, gem. von Schwein und Rind, 1 kg, 8,99 DM

Meldung
Der Drogennotdienst in der Ansbacher Str. 11 in Schöneberg ist am Heiligabend von 10-24 Uhr und an den Feiertagen von 14 – 21.30 Uhr geöffnet. Am Heiligabend findet dort um 17 Uhr eine Weihnachtsfeier statt. Auch die Übernachtungswohnung für Drogenabhängige ist über die Feiertage zugänglich.

Wünsche
Einladung zur Weltreise (Febr. 89) für schlanke Frau, 18 – 28 J. von Wolfgang, 42, 167, Tel. 396 56 21

Erinnerung *West*

Westberliner, die vom Feiertags-Besuch zurückkehrten, machten auf dem unteren Bahnhof Friedrichstraße noch schnell ein »Schnäppchen« und kauften im Inter-Shop Schnaps und Zigaretten. Man mußte die Sachen gut verstecken oder auf die Mitreisenden verteilen, denn auf dem nächsten Westbahnhof konnte der Zoll kommen. Da verschwand so manche Stange oder Flasche unter dem Blouson oder im Ärmel eines Capes. Darin waren sich die Westberliner einig: Wir haben denen eins ausgewischt – egal ob West oder Ost.

Konrad R., Berlin

1988

Ost

Schlagzeilen
Die Jugend ist ein aktiver Mitgestalter der gesellschaftlichen Entwicklung in der DDR
In diesem Jahr mehr als 18 000 Geburten in Berlin

Anzeige
Achtung – Großer Solo Treff – Achtung – Heiratsmarkt im Gasthof zum Bürgerkrug, Schwanebeck 1281 bei Berlin-Buch (nahe Kirche)
Einlaß jeweils 30 Minuten vor Beginn, nachts Taxivermittl. – Ausk. und Reserv. Tel. 34 97 071

Meldung
Das Telefon des Vertrauens ist täglich zwischen 12 und 24 Uhr unter der Rufnummer 437 70 02 zu erreichen.

Humor
Seufzer des Jahres
Weihnachten ist für viele Hausfrauen eher ein backendes als packendes Erlebnis.

FORMO Plast-Steckbaukästen, das begehrte Weihnachtsgeschenk für Kinder aller Altersstufen

VEB GOTHAER KUNSTSTOFFVERARBEITUNG

Wetter *Ost / West*
Mild, wolkenreiche Meeresluft, leichter Niederschlag, tags 4 bis 10 Grad.

Erfahrungen an der Grenze

Noch heute überläuft mich ein kalter Schauer, wenn ich den Bahnhof Friedrichstraße betrete.

Ina K., Berlin

An den Grenzen, z.B. auch nach Prag, waren die Kontrollen oft sehr scharf. Jeder Grenzpolizist vermutete, daß man flüchten wollte. Deshalb die Frage: »Warum brauchen Sie für zwei Tage Aufenthalt so viel Unterwäsche?«

Carolin W., Berlin

Bei einem Verwandtenbesuch im Spreewald erhielten wir eine »Weihnachtsgans« geschenkt. Am Übergang Invalidenstraße hieß es: Ausfuhr von Fleischwaren sei verboten. So haben wir das Geschenk zu unserer Cousine zum Prenzlauer Berg gebracht.

Thomas H., Berlin

Nach den üblichen Grenzkontrollen wie Öffnen des Handschuhfachs und Meßstab in den Tank fand der Grenzer beim Durchblättern meiner Brieftasche eine postfrische DDR 10-Pfennigmarke. Da blitzten die Augen auf: »Die Ausfuhr von Briefmarken verstoße gegen die Devisenbestimmungen.« Der anschließende unangenehme Aufenthalt an der Grenze betrug 3 Stunden, und die Marke wurde beschlagnahmt.

Renate B., Berlin

Einmal mußte ich auch in die Baracke am Übergang Schönefeld. Da machten sich die Grenzpolizisten den Spaß, daß ich das eine oder andere Kleidungsstück ablegen mußte. Hat ihnen nichts gebracht, meine geschmuggelten Ostmark haben sie trotzdem nicht gefunden. Und Taschen durchwühlen und dabei mal was kaputtmachen war so eine Art Sport der Vopos.

Ursula B., Iserlohn, früher Berlin

Ob es Einbildung war oder Tatsache: Viele Westberliner glaubten, daß sich irgendwelche Markierungen, bei einem DDR-Besuch von den Kontrollorganen angebracht, in ihren Ausweisen befanden. Ein unauffälliges Kreuzchen oder Pünktchen hinten im Ausweis könnte bei einem erneuten Übergang nach Ostberlin dem kontrollierenden Volkspolizisten signalisieren: Besonders scharf kontrollieren, rein ins Kabäuschen, Leibesvisitation gepaart mit langem unangenehmen Aufenthalt.

Karl P., Berlin

Gleich hinter Staaken begann die Straßenräuberei! Entweder man war zu langsam oder zu schnell gefahren. Mit dem lapidaren Hinweis auf einen Verstoß gegen die Straßenverkehrsordnung der DDR war man 10 Westmark oder mehr los. Die Straßenverkehrsordnung übrigens kannte niemand, und sie war auch nicht im Handel erhältlich. Reine Schikane!

Dieter W., Berlin

Unser VW-Käfer war nicht »ganz dicht«, bei Regen und Schnee mußten wir alte Zeitungen unter die Fußmatten legen. Bei einem Weihnachtsbesuch passierte es: Bitte die Matten hochnehmen! Mehrere Lagen klitschnasser Zeitungen wurden mit Hinweis auf das »Einfuhrverbot von Druckerzeugnissen« an der Invalidenstraße konfisziert.

Heinz K., Berlin

Unsere Großmutter in Friedrichsfelde wollte ihren Enkeln immer etwas Gutes tun. Im Winter besorgte sie für beide warme Stiefel, die bei einem Weihnachtsbesuch anprobiert wurden und wunderbar paßten. Dem 7jährigen Jan erklärten wir, daß es zwar nicht erlaubt sei, Kinderschuhe auszuführen, wir täten es aber trotzdem, und er solle sehr unbeteiligt tun. Der »Kleine« muß wohl diese Erklärung unauffällig mitgehört haben, denn bei der Grenzkontrolle zeigte Till, 3 Jahre alt, stolz auf seine Füße und sagte: »Neue Schuhe – nich!«

Harald P., Berlin

Bei einem Pragbesuch lernte ich, damals Student an der FU, ein tolles Mädchen aus Greifswald kennen. Große Liebe! Sie kam öfter mit dem Zug von Norden und ich über die Friedrichstraße vom Westen nach Osten. Obwohl mein Taschengeld knapp bemessen war, nahm ich immer ein paar Kleinigkeiten wie Obst, Parfum oder Süßigkeiten mit. Wir waren am 2. Weihnachtstag im Bodemuseum verabredet, und ich hatte als Geschenk für Jana eine mittelgroße Palme ohne Beanstandungen durch die Kontrolle gebracht. Das Gewächs gab ich an der Garderobe ab und schlenderte wartend durchs Museum. Wer kam nicht? Jana! Nach mehreren Stunden bin ich enttäuscht wieder nach Hause gefahren. Die Erklärung: Janas Vater, ein hoher Politfunktionär, hatte erfahren, daß sie sich mit einem Westberliner treffen wollte, und ihr den Berlin-Besuch streng verboten. So endete eine kurze Liebe, und für mich blieb die Frage: Wo mag die Palme geblieben sein?

Andreas R., Stuttgart

Weihnachten 1989

Bei einer feucht-fröhlichen Familienfeier im Dezember 1989 erwähnte mein bereits etwas weinseliger Onkel: Schade! Jetzt können wir die Ostpakete nicht mehr von der Steuer absetzen. Da wurde ich nachdenklich. Darüber wurde bei Besuchen nie gesprochen, daß auch die »Schenkenden« von ihrer Freundlichkeit noch einen Vorteil hatten.

Jana V., Potsdam

Das Weihnachtsfest 1989 haben wir mit allen Verwandten aus Ostberlin, Güstrow, Eggersdorf, Dresden und den Familien aus Hamburg, Sennestadt, Kassel und Regensburg gefeiert. Alle waren glücklich über die friedliche Wende. Die Westler gaben Tips, wie sich die Ostler mit den neuen Verhältnissen zurechtfinden sollten. Gemeinsam wurden Pläne für Urlaubsreisen geschmiedet. Es war eine Zeit voller Hoffnungen für die Zukunft. Von Jahr zu Jahr wurden die Lebensumstände schwieriger, und heute gibt es kaum noch Zusammenkünfte.

Lena R., Berlin

Politik *Ost / West*
DDR-Bewohner besetzen Botschaften der BRD in Prag, Warschau, Budapest und die Ständige Vertretung in Ostberlin. Ungarn öffnet Grenze zu Österreich. Feiern zum 40. Jahrestag der DDR. Ostberliner Massendemonstration auf dem Alexanderplatz. Rücktritt des Politbüros der SED. Öffnung der Grenzen nach Westen. Öffnung des Brandenburger Tores. Deutliche Zurückhaltung der 4 Siegermächte hinsichtlich dt. Vereinigung. Ca. 1 Mill. Bürger der BRD besuchen zu Weihnachten ohne Formalitäten die DDR, gr. Weihnachtsfeier am Brandenburger Tor.

Kino
Ost
Der letzte Kaiser
Pelle der Eroberer

Theater
Ost
Deutsches Theater *Maria Stuart*
Friedrichstadtpalast *Einfach zauberhaft*

Fernsehen
Ost
13.00 Uhr Der kleine Weihnachtsmann
20.00 Uhr Alles singt unterm Tannenbaum

West
13.45 Uhr Astrid Lindgren erzählt: Polly hilft der Großmutter
20.15 Uhr In 80 Tagen um die Welt

Was noch
Ost
Initiativgruppe und Parteien unseres Landes rufen zu einer Demonstration »Für den Erhalt der Souveränität der DDR« auf. Gegen Ausverkauf und Wiedervereinigung (20.12. Alexanderplatz)

West

Schlagzeilen
Seit 28 Jahren – erste Klänge in Sacrow
Klärung der Ostgrundstücke der Westberliner angekündigt
Kohl ruft zu Geduld in deutscher Frage auf
BVG-Fahrscheine gelten künftig auch in Ost-Berlin

Preise
Frische Seezunge, kg 29,90 DM
Echter Räucherlachs, 150 g für 7,99 DM

Meldung
(10.12.) Ein Fußgängerübergang am Brandenburger Tor wird noch vor Weihnachten eröffnet. Bundeskanzler Kohl, DDR-Ministerpräsident Modrow, der Reg. Bürgermeister Momper und der Ostberliner Oberbürgermeister Krack werden bei der Eröffnung anwesend sein.

Die Eröffnung erfolgte am 22.12. um 15 Uhr. Am Abend fand eine Spontan-Party rund um das Tor statt mit Leierkasten, chic Gekleideten, Fußball-Fans, Sektflaschen, T-Shirt-Ständen, Weihnachtskarten und Bier vom Faß.

Anzeige
Tagesspiegel Geschenkabonnement nach Ost-Berlin und DDR, Preis 23,70 DM pro Monat.

Was noch
Betrachtung der Kunst der letzten 28 Jahre
Angebot für DDR-Bürger
Kostenlose Führungen
Nationalgalerie – Berlinische Galerie
Martin-Gropius Bau
Werkstatt Berlin
Tel. 25 9004-0

1989

Ost

Schlagzeilen
Ein Besuch in Westberlin lohnt sich
Großes Interesse in der BRD an Kooperation mit Firmen der DDR
Bislang wurden 234 826 Unterschriften gezählt – Aufruf »Für unser Land« findet großen Zuspruch
Regierung Modrow appelliert an die Vernunft der Bürger

Anzeige
Wer hilft unserem Enkel in Hohenschönhausen bei den Mathematikaufgaben? Tel. 437 06 11

Meldung
Müggelseeperle und Rübezahl laden zu festlichem Weihnachtsessen ein. Bis zu 6000 Essensportionen werden zubereitet. Neu im Angebot findet sich »Putengeschnetzeltes« auf der Speisekarte, aber auch der traditionelle Gänsebraten wird serviert.

Wünsche
Optim. Rentnerin ersehnt sich lieben »Baugesellen« mit Interesse für Wochenendgrundstück und fröhlichem gemeinsamen Lebensabend. Tel. 51 29 00

nachfolgende Seiten
Ein Traum wurde Wirklichkeit! Nach der Öffnung des Grenzüberganges Brandenburger Tor am 25.12.1989 nutzten Tausende Berliner den Feiertag zu einem Bummel durch die Stadt und feierten spontan ein gesamtdeutsches Volksfest.

Wetter *Ost / West*
Sehr milde Meeresluft, stark bewölkt, tags 4–10 Grad, nachts 2–8 Grad.

Literatur, Zeitungen, Zeitschriften, Dokumente, Erinnerungen, Fotonachweis

1945: Alles Der Tagesspiegel*
1946: Alles Ost: HEUTE – Alles West: Telegraf
1947: Alles Ost: Berliner Zeitung – Alles West: Sozialdemokrat
1948: Alles Ost: Berliner Zeitung – Alles West: Der Tagesspiegel/Sozialdemokrat
1949: Alles Ost: Berliner Zeitung – Alles West: Telegraf
1950: Alles Ost: Berliner Zeitung – Alles West: Nachtdepesche
1951: Alles Ost: Berliner Zeitung – Alles West: Spandauer Volksblatt
1952: Alles Ost: Berliner Zeitung – Alles West: Telegraf
1953: Alles Ost: Berliner Zeitung – Alles West: Der Kurier
1954: Alles Ost: Berliner Zeitung – Alles West: Spandauer Volksblatt
1955: Alles Ost: Berliner Zeitung – Alles West: Berliner Morgenpost
1956: Alles Ost: Berliner Zeitung – Alles West: Der Tagesspiegel
1957: Alles Ost: Berliner Zeitung – Alles West: Der Tagesspiegel
1958: Alles Ost: Berliner Zeitung – Alles West: Der Telegraf
1959: Alles Ost: Berliner Zeitung – Alles West: Berliner Morgenpost
1960: Alles Ost: Berliner Zeitung – Alles West: Der Tagesspiegel
1961: Alles Ost: Berliner Zeitung – Alles West: Berliner Morgenpost
1962: Alles Ost: Berliner Zeitung – Alles West: Telegraf
1963: Alles Ost: Bauernecho – Alles West: Der Kurier
1964: Alles Ost: Berliner Zeitung – Alles West: Der Tagesspiegel
1965: Alles Ost: Berliner Zeitung – Alles West: Telegraf
1966: Alles Ost: Berliner Zeitung – Alles West: Berliner Morgenpost
1967: Alles Ost: Berliner Zeitung – Alles West: Spandauer Volksblatt
1968: Alles Ost: Berliner Zeitung – Alles West: Der Tagesspiegel
1969: Alles Ost: Berliner Zeitung – Alles West: Berliner Morgenpost
1970: Alles Ost: Neue Berl. Illustrierte – Alles West: Der Tagesspiegel
1971: Alles Ost: Wochenpost – Alles West: Berliner Morgenpost
1972: Alles Ost: Der Morgen – Alles West: BZ
1973: Alles Ost: Der Morgen – Alles West: Berliner Morgenpost
1974: Alles Ost: Der Morgen – Alles West: Spandauer Volksblatt
1975: Alles Ost: Berliner Zeitung – Alles West: Der Tagesspiegel
1976: Alles Ost: Berliner Zeitung – Alles West: BZ
1977: Alles Ost: Berliner Zeitung – Alles West: Berliner Morgenpost
1978: Alles Ost: Berliner Zeitung – Alles West: Spandauer Volksblatt
1979: Alles Ost: Berliner Zeitung – Alles West: Berliner Morgenpost
1980: Alles Ost: Berliner Zeitung – Alles West: BZ
1981: Alles Ost: Berliner Zeitung – Alles West: taz
1982: Alles Ost: Berliner Zeitung – Alles West: Bildzeitung
1983: Alles Ost: Berliner Zeitung – Alles West: Berliner Morgenpost

*Im Jahre 1945 unterschieden sich die wenigen in Berlin erschienenen Zeitungen kaum in ihrer Berichterstattung. Erst später erfolgte die ideologische Trennung in Ost und West.

1984: Alles Ost: Berliner Zeitung – Alles West: Volksblatt Berlin
1985: Alles Ost: Berliner Zeitung – Alles West: Der Tagesspiegel
1986: Alles Ost: Berliner Zeitung – Alles West: Berliner Morgenpost
1987: Alles Ost: Berliner Zeitung – Alles West: Der Tagesspiegel
1988: Alles Ost: Berliner Zeitung – Alles West: Volksblatt Berlin
1989: Alles Ost: Berliner Zeitung – Alles West: Der Tagesspiegel

Literatur
Albertz, Heinrich – Die Reise – Vier Tage und siebzig Jahre – München 1985

Kaminsky, Annette – Wohlstand, Schönheit, Glück – Kleine Konsumgeschichte der DDR – München 2001

Merkel, Ina – ... und Du, Frau an der Werkbank – Die DDR in den 50er Jahren – Berlin 1990

Zur Rolle der Frau in der Geschichte der DDR 1945-1981 – Leipzig 1986

Kunze, Gerhard – Grenzerfahrungen – Kontakte und Verhandlungen zwischen dem Land Berlin und der DDR 1949-1989 – Berlin 1999

Härtel, Christian, Kabus, Petra – Das Westpaket – Berlin 2000

Alle Jahre wieder, Weihnachten bei Arm und Reich – Städt. Museum Schloß Rheydt – Schloß Rheydt 1993

Arbeitskreis Progressive Kunst – Politische Lieder 1970/71 – Oberhausen 1971

Lehmann, Hans Georg – Deutschland-Chronik 1945 bis 2000 – Schriftenreihe Bundeszentrale für politische Bildung – Bonn 2000

Zeitungen und Zeitschriften
Meldungen, Schlagzeilen, Anzeigen und Preise sind den zitierten Tageszeitungen (S. 177 f.) im Zeitraum von Mitte November bis Ende Dezember jeden Jahres entnommen. Andere Quellen sind jeweils bezeichnet.

Dokumente
Zitate aus Dokumenten des Bundesarchivs und des Landesarchivs Berlin sind mit Registernummern gekennzeichnet.

Erinnerungen
Diese Texte sind das Fazit einer Fragebogenaktion sowie zahlreicher Notizen aus Gesprächen mit Berlinern aus Ost und West. Auf Wunsch vieler Informanten, die eine Namensnennung nicht wünschten, wurden die Namen abgekürzt aufgenommen.

Foto- und Abbildungsnachweis
Fotos: Landesarchiv Berlin Seiten 10/11, 22, 31, 39, 49 u., 83 u., 137 u., 158/159. LAB Ingeborg Lommatzsch S. 101, 119; Gerd Schütz S. 23, 53, 56/57, 60/61, 62/63, 82, 89 u., 113, 167; H. Seiler 105 u.; Karl-Heinz Schubert S. 88 u.; Willy Kiel S. 104 r. o.; Klaus Lehnartz S. 44, 48, 49 o., 75, 80/81, 83 o., 95, 104 li.u., 105 o., 124, 125, 137 o., 146. 147, 152/153; Horst Siegmann S. 52, 74; Ludwig Ehlers S. 89 o., 100, 104 li. o.; Wolfgang Albrecht S. 174/175

Illustrationen im Text:
S. 104 re. u. Eulenspiegel Dez. 1965, © Wolf Schrader
S. 109 taz 12/1981, © Hurzlmeier

Die Abbildung auf dem Cover stammt vom Landesarchiv Berlin/KlausLehnartz und zeigt das Brandenburger Tor im Dezember 1961.

Für die freundliche Abdruckgenehmigung danken wir allen Rechteinhabern. Leider konnten nicht alle ermittelt werden. Wir bitten sie, sich gegebenfalls beim Verlag zu melden.

Mein Dank gilt allen, die mit ihren Erinnerungen zur Entstehung des Buches beigetragen haben.
Rosemarie Köhler

Brennesselsuppe
auf dem Bügeleisen gekocht

Rosemarie Köhler
Brennesselsuppe & Rosinenbomber
Das Berliner Notkochbuch –
Rezepte, Erfahrungen
und Hintergründe 1945-1949
Mit zahlreichen Abbildungen
232 Seiten · geb. mit SU
€ 19,90 (D) · sFr 37,–
ISBN 3-8218-1591-4

»Schlagsahne« aus Roggenkörnern, »Stalinbutter« aus Hefe, Mehl und Majoran, Suppe aus Disteln und Vogelmiere, Bonbons aus Haferflocken mit Sirup: Mit Phantasie zauberten die Menschen nach dem Krieg aus kleinsten Rationen, mit Lebensmitteln von Hamsterfahrten oder vom schwarzen Markt, ihre Mahlzeiten.

Zwischen Schulspeisung und CARE-Paketen, Korruption und Kriminalität zeichnet Rosemarie Köhler mit über 200 Rezepten ein facettenreiches Bild der Ernährungslage der Nachkriegszeit.

»... eine klug-bescheidene Sammlung aus Rezepten, Anekdoten und zeitgeschichtlichen Informationen.« Die Welt

www.eichborn.de   EICHBORN·BERLIN